HAY QUE SALIR DEL BAR

Reflexiones que pondrán en jaque
tu zona de confort

Gumercindo Jiménez

HAY QUE SALIR DEL BAR

Copyright © 2024 Gumercindo Jiménez

Todos los derechos reservados.

ISBN: 9798302795564

HAY QUE SALIR DEL BAR

DEDICATORIA

A ti madre, que me enseñaste tu superpoder de enfrentar desafíos con coraje y resiliencia aun en las circunstancias más duras.

A mi yo del pasado, que necesitaba encontrar la valentía para salir de su zona de confort. Y a mi yo del futuro, que sigue evolucionando y aprendiendo.
A todos los que me han enseñado, a los que me han desafiado y a aquellos que me han permitido encontrar mi propia voz.

EPÍGRAFE

Porque, como dijo Steve Jobs: 'No puedes unir los puntos mirando hacia adelante; solo podrás hacerlo mirando hacia atrás.'

Y esos puntos se unirán cuando encuentres el verdadero sentido de lo que realmente deseas para tu vida. Eso te aportará tranquilidad, paz interior, crecimiento espiritual, sabiduría y una intuición más sólida y calibrada para tomar mejores decisiones que te beneficien a ti y, en consecuencia, a quienes te rodean.

HAY QUE SALIR DEL BAR

ANTES DE COMENZAR:
UNA ADVERTENCIA SINCERA

En principio, quiero agradecerte por estar aquí. El simple hecho de que este libro haya llamado tu atención significa que algo en su mensaje resuena contigo y eso ya es un buen comienzo.

Quiero dejar algo claro desde el principio: no necesitas creer nada de lo que digo. Este libro no pretende ser un manual infalible ni una colección de verdades absolutas. Lo que encontrarás aquí son mis vivencias, mis aprendizajes, mis errores y las reflexiones que he sacado de mi camino. Son fragmentos de mi historia, y como toda historia, está contada desde mis ojos, mis sesgos y mis propios juicios.

Sé que lo que para mí pudo haber sido un obstáculo enorme, para ti podría no ser tan relevante. Lo que yo llamo una relación tóxica, otro puede verlo como un desafío enriquecedor. Lo importante no es que coincidamos, sino que encuentres aquí algo que te haga pensar, cuestionar y, si así lo decides, adaptar a tu vida.

No espero que estés de acuerdo con todo lo que leas. De hecho, me alegraría que dudes de algunas cosas, porque eso significa que estás desarrollando tu propio criterio. Este libro no busca decirte qué está bien o mal, sino ofrecerte herramientas, historias y reflexiones que puedas ajustar a tu propio estilo de vida. Valoro que estés aquí y que te tomes el tiempo de explorar estas páginas.

Mi intención no es que sigas mis pasos al pie de la letra, sino que encuentres inspiración para caminar los tuyos. No importa si te quedas con una frase, una idea o un capítulo completo, mientras algo de lo que encuentres aquí te impulse a ser más consciente de tu propio camino. Y quiero que sepas algo: este libro es solo el principio. Mi intención es acompañarte más allá de estas páginas, ofreciéndote herramientas adicionales que complementen tu proceso.

Estoy trabajando en recursos que estarán disponibles para ti, como meditaciones diseñadas para facilitar tu transformación, hipnosis para reprogramar tus creencias y un diario llamado *"Mata al quejica que llevas dentro"* que estará a la venta en 2025 y para ti será sin costo, pensado para ayudarte a trabajar contigo mismo de una forma práctica y reflexiva. Convirtiendo tus quejas en tu superpoderes para elevar tu confianza.

Estos recursos son mi forma de agradecerte por confiar en este libro y en mi historia. No necesitas hacer nada complicado para acceder a ellos. Encuéntrame en redes sociales como **gumercindoweb**, mándame un mensaje, y estaré encantado de compartir todo lo que vaya sumando para ayudarte en tu camino de transformación. O También puedes visitar este enlace **gumercindojimenez.com/salir-del-bar** para aprovechar estos recursos extras.

Este libro no es perfecto, pero tampoco pretende serlo. Es una invitación al cambio, un compañero en tu proceso de crecimiento, y una puerta abierta para que encuentres tu propio camino. Toma lo que resuene contigo, suelta lo que no y hazlo a tu manera. Porque al final, lo más importante no es lo que leas aquí, sino lo que hagas con ello.

UNA NOTA SOBRE EL VIAJE

Cada capítulo de este libro es como una puerta hacia nuevas reflexiones y herramientas. No necesitas seguir un orden rígido ni lineal; **elige por dónde empezar** según lo que más resuene contigo en este momento.

- ¿Te cuesta replantear cómo hablas contigo mismo? Tal vez quieras abrir *"Tu Diálogo Interno"*.
- ¿Sientes que necesitas redefinir qué significa el éxito para ti? *"Define tus Métricas de Éxito"* es uno de mis capítulos favoritos, porque me ayudó a medir mi vida desde mis propios valores, no desde los de otros.
- ¿Te interesa aprender a comunicarte de manera honesta y directa, sin miedo a expresar lo que piensas? Entonces *"Deja de Callar: Aprende a Decir lo que Piensas de Verdad"* podría ser el lugar perfecto para comenzar. Este capítulo ocupa un lugar especial en mi corazón, porque creo que la asertividad tiene el poder de transformar no solo nuestras palabras, sino también nuestras relaciones y decisiones.

Este libro no sigue un camino predecible, porque la vida tampoco lo hace. Aunque leerlo de forma secuencial puede ayudarte a experimentar el recorrido completo que he diseñado, no es una regla. Como en un buen viaje, el punto de partida lo eliges tú, y puedes avanzar a tu propio ritmo.

Al escribir el capítulo *"El Último Trago en el Bar de lo Conocido"*, recordé una etapa de mi vida en la que estaba atrapado en patrones que se repetían una y otra vez. Sabía que necesitaba salir de ellos, pero no encontraba el valor ni la claridad para hacerlo. En esos días, me desahogaba escribiendo artículos en un blog. Uno de ellos se tituló *"Hay que salir del Bar"*, el mismo que me inspiró a escribir este libro.

Ese artículo lo escribí para mí mismo, como un recordatorio de que no estaba solo en mi incomodidad. Algunos días lograba avanzar, otros me permitía descansar, y otros simplemente trataba de recordar por qué valía el esfuerzo de seguir intentando. Este libro está diseñado para acompañarte en esos días diversos: los días en los que sientes que avanzas, los de pausa, y también los de reflexión.

Antes de sumergirte en estas páginas, quiero invitarte a detenerte por un momento y pensar en lo siguiente:

- ¿Qué área de tu vida necesita más atención en este momento?
- ¿Qué emociones predominan en tus días?
- ¿Qué patrón o creencia te gustaría comenzar a cuestionar?

No hay respuestas correctas ni incorrectas; solo las tuyas. Estas preguntas pueden servir como un punto de partida para decidir por dónde comenzar este libro o qué herramienta explorar primero.

Al final del recorrido, en el epílogo *"Una Conversación Conmigo Mismo"*, comparto una de las lecciones más importantes que he aprendido: la importancia de escuchar nuestras voces internas, reconciliar nuestras contradicciones y avanzar desde esa comprensión. Ese cierre es una invitación a mirar tu propio camino con gratitud y curiosidad, reconociendo cuánto has crecido al atreverte a cuestionarte.

Este libro no es un mapa con direcciones estrictas; es una brújula que te ayudará a encontrar tu propio norte. Confía en tu intuición, sigue tu ritmo, y atrévete a explorar.

Bienvenido al viaje. A tu viaje de transformación.

PREFACIO

Es curioso cómo la vida nos presenta sus lecciones. Cualquiera que me conoce sabe que puedo transformar una conversación trivial en una sesión de *coaching*, o como algunos dirían, en una sesión terapéutica —con todo el respeto hacia los psicólogos, por supuesto. No puedo evitarlo: me identifico profundamente con las historias de los demás, especialmente cuando reflejan situaciones que he vivido en carne propia.

Quizás sea porque he estado allí: en relaciones que no sumaban, en trabajos que no me permitían crecer, en situaciones que una y otra vez me susurraban "despierta". Y ahora entiendo que esas experiencias repetitivas no eran casuales; eran mensajes del universo señalando la necesidad de un cambio profundo.

Durante años, como muchos de nosotros, me encontré volviendo a lo conocido. ¿Por qué? Porque lo familiar, aunque doloroso, se siente seguro. Si aprendimos que el amor viene acompañado de rechazo, un amor genuino y respetuoso nos parecerá extraño, casi incómodo. Si nos acostumbramos a jefes autoritarios, un líder que reconoce nuestro valor nos hará sentir desconcertados.

Este libro nació de esa realización: que muchas veces nos mantenemos en situaciones que no nos sirven simplemente porque son lo único que conocemos. Como aquella hipnoterapeuta británica, Marisa Peer, que tanto ha influido en mi pensamiento, señala: lo conocido nos mantiene cómodos, aunque esa comodidad nos esté limitando.

Pero hay algo más profundo aquí. En nuestro viaje de crecimiento, todos tenemos puntos ciegos, aspectos de nosotros mismos que no podemos ver sin ayuda externa. Como cuando vamos al gimnasio y creemos estar haciendo un ejercicio correctamente hasta que alguien nos muestra una mejor forma. Estos puntos ciegos no son debilidades; son oportunidades de crecimiento que se revelan cuando estamos listos para verlas.

A lo largo de estas páginas, compartiremos un viaje. Un viaje que va más allá de simples palabras de autoayuda. Exploraremos por qué elegimos lo que elegimos, por qué nos quedamos donde nos quedamos, y más importante aún, cómo podemos romper estos patrones para crear una vida más auténtica y satisfactoria.

No será un camino fácil. Tendremos que enfrentarnos a verdades incómodas, desafiar lo conocido y atrevernos a explorar territorios desconocidos. Tendremos que aprender a distinguir entre la gratificación instantánea que nos mantiene estancados y el crecimiento real que, aunque más desafiante, nos lleva a donde queremos estar.

Este libro es para ti si:

- Te has encontrado repitiendo patrones que sabes que no te sirven
- Sientes que hay algo más grande esperándote, pero no sabes cómo alcanzarlo
- Estás listo para cuestionar lo "conocido" y explorar nuevas posibilidades
- Quieres construir relaciones más auténticas y significativas
- Buscas no solo cambios superficiales, sino transformación verdadera

A lo largo de estas páginas, usaremos lo que tanto me identifica y amo utilizar; el uso de metáforas: *el bar* que necesitamos dejar, el contenedor que tendrías que renovar, *el sombrero rosa* que representa nuestra actitud, y *la mesa* que podría expandirse. Cada una de estas imágenes es una herramienta para entender y navegar nuestro proceso de transformación.

Importante: no estamos aquí para ser perfectos, sino tal vez para ser auténticos. No estamos aquí para cumplir expectativas ajenas, sino para descubrir y honrar nuestra verdadera esencia. Y sobre todo, no estamos aquí para quedarnos donde estamos, sino para crecer constantemente hacia quien realmente podemos ser.

Te invito a este viaje de descubrimiento y transformación. Un viaje donde aprenderemos juntos que el verdadero cambio comienza cuando nos atrevemos a cuestionar lo conocido y a explorar nuevas posibilidades.

¿Estás listo para *salir del bar*?

HAY QUE SALIR DEL BAR

CONTENIDO

Dedicatoria…………………………………………..	4
Epígrafe……………………………………………....	5
Antes de comenzar: una advertencia sincera………………...……	7
Una nota sobre el viaje………………………………...	9
Prefacio………………………………………………	11
Introducción……………………………...…………..	17

Capítulo 1: El Último Trago en el Bar de lo Conocido……………… 20
Descubre cómo salir de las situaciones cómodas pero estancadas que te limitan y tomar el primer paso hacia tu verdadero potencial.

Capítulo 2: El Punto Ciego…………………………………… 28
Todos tenemos áreas que no podemos ver en nosotros mismos. Aprende a identificar esos puntos ciegos y a convertirlos en oportunidades

Capítulo 3: Tu Diálogo Interno…………………………….... 34
Convierte esa voz interna que te critica en un aliado que te impulse hacia tus metas y te permita disfrutar del camino.

Capítulo 4: El Contenedor Personal………………………....... 40
¿Qué estás cargando que ya no te sirve? Aprende a identificar creencias y patrones limitantes y a liberar espacio para lo que realmente importa.

Capítulo 5: El Poder de las Preguntas Acertadas………………… 46
Haz preguntas que cambien tu vida. Aprende cómo cuestionarte de manera que desbloquee nuevas posibilidades y soluciones.

Capítulo 6: Gratificación Instantánea vs. Crecimiento Real............. 52
Descubre por qué los atajos y la comodidad inmediata pueden estar bloqueando tu éxito y cómo elegir el crecimiento sostenible a largo plazo

Capítulo 7: Deja de Callar: Aprende a decir lo que piensas, necesitas y sientes de verdad... 60
Defiende tus ideas con claridad y confianza. Aprende a comunicarte con asertividad y sin temor al rechazo

Capítulo 8: Cómo Portas tu Sombrero Rosa........................... 69
Tu actitud es tu carta de presentación. Descubre cómo influye en tus relaciones y resultados, y aprende a usarla a tu favor.

Capítulo 9: Tu Mesa de Posibilidades.................................. 77
¿Te estás conformando con un espacio limitado? Amplía tu horizonte y crea oportunidades que nunca creíste posibles.

Capítulo 10: Define tus Métricas de Éxito............................. 82
Olvídate de estándares ajenos. Define lo que significa el éxito para ti y crea una vida alineada con tus valores y metas.

Capítulo 11: Acéptate de una vez por todas y gana autoconfianza.... 89
Deja de sabotearte. Aprende a aceptarte plenamente y a construir la confianza que necesitas para ir al frente sin miedo.

Capítulo 12: Cambia Tanto que te Tengan que Volver a Conocer..... 99
La reinvención es la clave del crecimiento. Aprende a evolucionar constantemente y a sorprender incluso a quienes creen conocerte.

Especial: Mata al Quejica que Llevas Dentro......................... 106
Descubre tus valores detrás y diseña tu propio diario de crecimiento

Conclusión: Honrando a tu versión de hoy........................... 117

Acerca del autor.. 119

Carta al lector.. 121

Epílogo... 124

Agradecimientos... 127

HAY QUE SALIR DEL BAR

INTRODUCCIÓN
HONRANDO AL SOÑADOR

¿Recuerdas ese momento en que supiste que querías algo diferente para tu vida? Quizás fue durante tu adolescencia, cuando el mundo parecía simultáneamente limitado e infinito. Cuando otros se conformaban con seguir el camino trazado, algo dentro de ti susurraba que había más.

Recién empezaba tu adolescencia, y aunque el tiempo parecería pasar sin que te dieras cuenta, había una certeza instalada en tu interior. Una conexión tan genuina y poderosa que te susurraba sobre una vida diferente. Una vida que parecía difícil de alcanzar, pero que sentías posible en cada fibra de tu ser.

Lo que llamo una llama viva instalada que no se apaga nunca. Pero que si te distraías o escuchabas demasiado a los demás, podía debilitarse o incluso a apagarse. Hoy quiero animarte a conectar con esa esencia y a que avives esa llama en caso de que sientas que se haya apagado.

Rememora el camino que prometía aventuras, desafíos, miedos e incertidumbres. Un camino que te encontraría enfrentando la soledad, la frustración y la impotencia. Pero con cada paso, con cada decisión, comenzabas a forjar algo extraordinario: tu propio carácter, tu fuerza interior, tu verdadero yo.

Mientras otros de tu edad vivían de lo demandado por la convención social, tú en cambio ya soñabas con transformar tu realidad. No se trataba solo de buscar éxito, un sueño o el reconocimiento; era algo más profundo. Era el deseo de construir un bienestar que pudiera extenderse más allá de ti mismo, que pudiera tocar y mejorar la vida de otros.

Esa sabiduría interior, aunque no sabías de dónde venía, estaba alimentada por cada experiencia, cada ausencia, cada dolor y cada alegría que habías venido experimentado. Era la voz que te decía que podías ser más, hacer más, alcanzar más. Y aquí estás ahora, sosteniendo estas páginas, quizás preguntándote si aún queda algo de ese soñador en ti.

Te tengo una noticia: está más vivo que nunca.

Este libro es un homenaje a ese espíritu indomable que vive en ti. A esa parte tuya que se atrevió a soñar diferente, que se atrevió a creer que había más allá de lo evidente. Es un recordatorio de que esa fuerza que sentiste en tu juventud no era una ilusión pasajera - era el primer susurro de tu verdadero potencial.

En las páginas que siguen, encontrarás más que sugerencias o estrategias. Encontrarás un llamado a reconectar con esa parte de ti que sabía que era posible vivir en tus propios términos. Esa parte que entendía que aunque el camino fuera difícil, aunque otros no comprendieran, aunque el futuro fuera incierto, valía la pena seguir adelante.

Porque al final, como dijo Jobs, los puntos solo se conectan mirando hacia atrás. Pero para tener puntos que conectar, primero hay que atreverse a crearlos. Hay que atreverse a *salir del bar* de lo conocido, a renovar nuestro *contenedor*, a portar nuestro *sombrero rosa* con orgullo y a expandir nuestra *mesa de posibilidades*.

Este no es solo un libro sobre desarrollo personal. Es un encuentro con tu yo más valiente, más auténtico. Es una invitación a honrar a ese adolescente que se atrevió a soñar, y a descubrir que sus sueños no solo siguen siendo posibles - son apenas el comienzo.

¿Estás listo para recordar quién eras y descubrir en quién puedes convertirte?

HAY QUE SALIR DEL BAR

CAPÍTULO 1:
EL ÚLTIMO TRAGO EN EL BAR DE LO CONOCIDO

¿Alguna vez te has sentido sumergido en una rutina que te impide alcanzar tu verdadero potencial? ¿Te has preguntado alguna vez si el confort que disfrutas hoy está siendo un obstáculo para el crecimiento que anhelas? Si es así, este capítulo es para ti.

La orden de Salir del Bar:
Conversando con una amiga sobre lo complicado que era emigrar y empezar de cero, surgió una revelación que cambiaría nuestra perspectiva para siempre. Dos venezolanos inmigrantes con poco más de un año de haber llegado a Buenos Aires. En mira de objetivos distintos: ella, una productora creativa con años de experiencia; yo, un periodista recién graduado buscando reinventarme. De esta larga charla surgió la orden de *salir del bar*.

Debatíamos en que existía mucha competitividad en el mercado argentino sobre ejercer en los medios. Por ende, concluimos en que necesitábamos destacar y persistir en la búsqueda para ingresar a ese puesto deseado. Pero antes debíamos permanecer alejados de los bares.

Y no era precisamente por tener mala bebida.

El bar de lo conocido
Todos tenemos un bar. Ese espacio cómodo donde las luces son familiares, donde conocemos cada rincón, cada rostro, cada rutina. Para algunos, es un trabajo estable pero insatisfactorio. Para otros, una relación que ya no crece. Para muchos, como en mi caso, era un trabajo de mesero (camarero), aunque seguro, limitaba mis verdaderas aspiraciones.

El bar representa ese lugar donde:
- Las expectativas son predecibles
- Los riesgos son mínimos
- La rutina es conocida
- El crecimiento... está estancado

Los tragos que nos mantienen en el bar

Para mí, el "bar" se materializó durante mis años trabajando como cafetero. Era un espacio que ofrecía comodidad y estabilidad en lo superficial, pero al mismo tiempo me limitaba. Recuerdo días donde, al terminar un turno largo, la opción más tentadora era irme a descansar o salir de fiesta para desconectar. Y aunque esos momentos de ocio eran válidos y necesarios, sabía que no podían convertirse en el centro de mi rutina si quería construir algo más significativo.

Había algo más profundo llamándome. Decidí aprovechar las noches después del trabajo para poner en práctica los conocimientos en talleres de marketing, publicidad y ventas. Mientras servía cafés, también estaba practicando mi oratoria y afianzando habilidades de comunicación para mejorar mi expresión y prepararme para entrevistas laborales. Ese trabajo, que inicialmente parecía solo un sustento temporal, se convirtió en el puente que necesitaba para trazar el camino hacia lo que realmente deseaba.

Salir del "bar" no significó eliminar por completo el disfrute ni despreciar lo que hacía en ese momento, sino usarlo estratégicamente para avanzar. Fue un acto de responsabilidad conmigo mismo, un recordatorio de que nuestras decisiones diarias determinan quiénes somos y hacia dónde vamos.

De la comodidad a la acción

Esta experiencia me enseñó que salir del bar no es rechazar el placer o la comodidad, sino encontrar un balance. Porque mientras el confort puede ser un refugio necesario, quedarse demasiado tiempo puede convertirse en un freno. Más adelante, hablaremos de cómo encontrar este equilibrio entre gratificación instantánea y crecimiento sostenido, un tema clave para transformar nuestro futuro.

Los tragos que nos mantienen en el bar

Es común escuchar entre nosotros: "Yo salgo de mi país y me dedico a lo que sea", asegurando además estar dispuestos a "limpiar baños". La expresión parece noble, valiente incluso. Sin embargo, esconde una trampa sutil: el conformismo disfrazado de humildad.

Los tragos más comunes:
En el bar de lo conocido, los tragos no son de licor, sino de justificaciones. Son las excusas que nos decimos para no movernos, para no cambiar. Aquí están algunos de los más comunes:

1. **El Trago del "Mientras Tanto"**
   "Solo me quedo aquí hasta que encuentre algo mejor."
   Es un clásico. El problema es que ese "mientras tanto" puede convertirse en años. Los días pasan, y la búsqueda de algo mejor nunca se materializa.

2. **El Cóctel de la Frustración**
   "¿Para esto estudié? ¿Qué estoy haciendo aquí?"
   Este trago es amargo y persistente. Nos hace sentir atrapados, pero al mismo tiempo nos da una falsa sensación de que estamos reflexionando, cuando en realidad seguimos sin actuar.

3. **El *Shot* del Miedo**
   "¿Y si fallo? ¿Qué dirán los demás? ¿Cómo enfrentar lo desconocido?"
   Este es el trago más paralizante. El miedo a equivocarnos o a salir de la rutina nos encierra en el bar, aunque sepamos que no nos está haciendo bien.

El problema con estos tragos es que mientras los bebemos, acumulamos una "cuenta pendiente" que pagamos con nuestros sueños no realizados, con oportunidades que dejamos pasar y con una autoestima que se erosiona día a día.

La cuenta pendiente
Le agradezco la inspiración de la metáfora de *Salir del bar* a Ricardo Arjona, quien es conocido por haber cantado en la famosa calle Florida, aquí en Buenos Aires. En sus entrevistas, él dice que reconocía su propio talento artístico pero no sabía cómo explotarlo. Cantó en bares y estaba contento con eso. Era su filosofía de "animal nocturno".

Sin embargo, Arjona no se conformó con ser un cantante de bar. Viajó a México, enfrentó rechazos, persistió. Incluso cuando sus canciones sonaban en la radio pero su "bolsillo seguía vacío", no se rindió. Su camino desde los bares hasta el reconocimiento internacional nos enseña que el verdadero crecimiento comienza cuando nos atrevemos a salir de nuestra zona segura.

Los costos ocultos de quedarse:
Cada día que pasamos en el bar, pagamos un precio que va más allá de lo evidente:

- **La erosión de nuestros sueños:** Las metas que una vez nos emocionaban se sienten cada vez más lejanas.
- **Las oportunidades invisibles:** Mientras nos mantenemos en lo conocido, ni siquiera vemos las posibilidades que pasan frente a nosotros.
- **El desgaste emocional:** Cada día que repetimos la misma rutina sin propósito, sentimos que algo dentro de nosotros se va apagando.

Salir del bar no es fácil. Implica enfrentarse al miedo, a la incertidumbre y, sobre todo, a uno mismo. Pero es un paso necesario para crecer.

Las señales de que es hora de Salir del Bar
¿Cómo saber si estás listo para dejar tu bar? Aquí hay algunas señales claras:

1. **Insatisfacción persistente**
   - La rutina te agota más que el trabajo mismo
   - Sientes que estás en piloto automático
   - Tus sueños aparecen como reproches nocturnos
   - Poca motivación y falta de emoción
   - Esperas los viernes y odias los lunes

2. **Energía estancada**
   - El trabajo te quita más de lo que te da
   - Terminas el día solo queriendo dormir
   - La pasión se ha convertido en resignación
   - Vivís de la nostalgia del pasado
   - Encuentras escape en el alcohol y otras adicciones

3. **Señales internas de alarma**
   - Tu cuerpo te habla a través del cansancio y la enfermedad
   - Tu mente divaga hacia "qué tal si..."
   - Tu espíritu anhela algo más
   - Tu alma en búsqueda de plenitud emocional

De Cafetero a Asistente de Marketing
La realización de que necesitaba salir de mi primer "bar" llegó en el momento más paradójico: cuando me encontraba en una aparente comodidad que, en realidad, me estaba consumiendo por dentro. Era 2017 y trabajaba como cafetero durante la semana, y los fines de semana hacía turnos maratónicos en agencias de catering, entrando a las cinco de la tarde y saliendo a las seis de la mañana. Parecía que tenía estabilidad, pero esa rutina, que algunos podrían considerar segura, me estaba

desgastando física y emocionalmente.

Mi primer llamado llegó mientras trabajaba como cafetero en un restaurante de Núñez. Me había propuesto durar solo siete meses. Al cumplir ese plazo, busqué algo "mejor", pero solo logré cambiar de ubicación dentro del mismo rubro. Cubrí eventos prestigiosos como camarero, donde la paga era buena, pero el agotamiento también lo era.

Luego pasé a trabajar en una heladería en Palermo, donde el estrés y el cansancio llegaron a niveles insostenibles. Me sentía atrapado. No dormía bien, me alimentaba mal, y los dolores de cabeza eran un recordatorio constante de que algo tenía que cambiar.

La revelación no llegó en un momento espectacular, sino en una conversación con alguien que estaba destinado a ser una influencia importante en mi vida. Era un chico que había conocido hacía poco y que, para mi sorpresa, resultó ser psicólogo holístico. Nuestros encuentros se convirtieron en un espacio donde pude desahogar el malestar emocional que llevaba acumulando.

En una de esas conversaciones, él me hizo ver algo que yo mismo había creado sin darme cuenta: un patrón limitante. En mi último empleo en un prestigioso restaurante, había durado exactamente los 15 días que inconscientemente había "manifestado" que duraría. Yo mismo había declarado ese tiempo, y como él me señaló, mis propias palabras estaban moldeando mi realidad.

Esa conversación cambió todo. Decidí que no volvería a entrar a un restaurante, pero más importante aún, aprendí a utilizar mis palabras para manifestar la vida que quería, no la que temía. Comencé a presentarme como "asistente de marketing", aunque técnicamente estaba desempleado. En cada oportunidad o conversación, respondía con una convicción casi graciosa: "Soy asistente de marketing".

Ese cambio no fue solo de palabras; fue un cambio de mentalidad. Mis acciones empezaron a alinearse con mi nueva narrativa. Poco menos de dos meses después, en septiembre de 2017, fui contratado por la primera agencia de marketing.

Esta experiencia me enseñó algo invaluable: a veces, el "bar" que necesitamos dejar no es un lugar físico, sino los patrones mentales y las creencias limitantes que nos mantienen atados a una realidad que ya no nos sirve. La transformación comienza cuando nos atrevemos no solo a visualizar una realidad diferente, sino a declararla como nuestra verdad, incluso antes de que se materialice.

Ejercicio: Inventario del Bar
Tómate un momento para reflexionar:

1. **Tu Espacio Actual**
   - ¿Qué te mantiene en tu "bar"?
   - ¿Qué comodidades temes perder?
   - ¿Qué excusas te repites?
   - ¿Cuáles son tus quejas más frecuentes?

2. **Los Costos**
   - ¿Qué sueños has postergado?
   - ¿Qué oportunidades has dejado pasar?
   - ¿Qué precio estás pagando por la comodidad?
   - ¿Qué decisiones tomarías si fueras súper egoísta?
   -

3. **El Horizonte**
   - ¿Qué hay más allá de tu bar?
   - ¿Qué posibilidades te esperan?
   - ¿Qué versión de ti está esperando emerger?
   - ¿Qué harías si el dinero no fuera un problema?

El momento de la verdad

"Hazlo, y si te da miedo, hazlo con miedo. No deberíamos tener miedo a equivocarnos, hasta los planetas chocan y del caos nacen las estrellas.", reza la frase de un sabio.

¿Sabes cuál era mi mayor miedo? Estar en el mismo lugar dentro de un año. Ese miedo eventualmente se convirtió en el combustible que necesitaba para dar el primer paso fuera del bar. La decisión de salir del bar no es fácil. Es un acto de valentía que requiere reconocer que la comodidad actual puede ser el mayor obstáculo para tu crecimiento futuro.

La pregunta no es si deberías *salir del bar*, sino cuándo y cómo darás ese primer paso hacia tu verdadero potencial.

Para llevar contigo:
- Reconoce tus patrones repetitivos
- Identifica qué te mantiene en tu zona de confort
- Escucha las señales que te piden cambio
- Atrévete a cuestionar lo familiar

- Da el primer paso, aunque sea pequeño
- No hay trabajo malo, pero hay lugares que nos limitan
- El confort tiene un precio que pagamos con nuestros sueños
- El verdadero riesgo no está en salir, sino en quedarse

Salir del bar de lo conocido no significa abandonar todo lo que tienes, sino usarlo como trampolín para llegar a lo que realmente importa. Es una decisión que requiere valentía, pero que redefine tu vida.

La pregunta no es si deberías salir del bar, sino: **¿Cuándo darás ese primer paso hacia tu verdadero potencial?**

En el siguiente capítulo, exploraremos lo que muchas veces nos impide dar ese paso: **nuestros puntos ciegos.** Son esas áreas invisibles de nuestra vida que nos sabotean sin que nos demos cuenta. Descubrir y trabajar en ellas será clave para avanzar hacia el cambio que deseas.

HAY QUE SALIR DEL BAR

CAPÍTULO 2:
EL PUNTO CIEGO

Todos tenemos áreas de nuestra vida que no podemos ver por nosotros mismos, incluso con la mejor de las autorreflexiones. Es como cuando vas al gimnasio y haces un ejercicio de cierta forma todos los días, creyendo que lo estás haciendo correctamente, hasta que alguien más experimentado se acerca y te muestra un detalle que cambia completamente tu ejecución.

Este "punto ciego" existe en muchas áreas de nuestra vida. Y su descubrimiento suele ser revelador, a veces incómodo, pero siempre transformador si nos permitimos aceptar el cambio.

Este concepto lo escuché por primera vez de Tonny Robbins en el documental: Yo no soy tu Gurú. Su explicación me cautivó. Según él, el *punto ciego* se refiere a aquellas creencias, pensamientos o comportamientos que no somos conscientes de tener, pero que afectan profundamente nuestras decisiones, emociones y resultados. Estos puntos ciegos son áreas de nuestra vida en las que, por diversas razones, no vemos la verdad completa o no nos damos cuenta de las limitaciones que tenemos.

Se revela el Punto Ciego
Uno de los momentos más reveladores en mi vida llegó a través de una conversación con el psicólogo que mencioné en el capítulo anterior. En ese entonces, me encontraba profundamente frustrado, cuestionándome:

— **"¿Por qué, siendo tan bueno en lo que hago, me despiden?"**

Le relaté mi situación laboral, convencido de que el problema estaba fuera de mí. En lugar de ofrecerme una respuesta directa, me lanzó una pregunta que me descolocó por completo:

— "¿No te das cuenta de que tú mismo estás manifestando estas situaciones?"

Fue entonces cuando me ayudó a ver algo que nunca había considerado: mi diálogo interno estaba moldeando mis experiencias. En cada empleo, inconscientemente declaraba límites temporales o expectativas negativas, y mis acciones, de manera sutil, se alineaban con esas palabras. Era un patrón invisible que se repetía, una especie de profecía autocumplida.

Un año después, en octubre de 2018, experimenté un evento que reforzó esta lección. Fui despedido de la agencia de marketing donde había trabajado durante poco más de un año, un empleo que realmente valoraba. Aquella pérdida fue un golpe emocional, pero también un punto de inflexión.

Durante mi tiempo en esa agencia, solía repetir entre mis compañeros una frase que ahora entiendo como una declaración limitante:

"No me veo con un jefe."

Aunque en el momento parecía una simple opinión, esta afirmación había comenzado a moldear mi comportamiento. Sin darme cuenta, mis palabras influían en mis decisiones y actitudes, creando una tensión que llevó a mi salida.

Los mentores y el poder de la retroalimentación
A veces, no podemos ver nuestros puntos ciegos hasta que alguien más los señala. Esto me enseñó la importancia de rodearme de mentores y personas que puedan ofrecer perspectivas externas.

No es casualidad que existan psicólogos, *coaches* y entrenadores. Pero no solo ellos nos sirven como luz para ver nuestros puntos ciegos, también pueden serlo: familiares, vecinos, amistades, jefes, compañeros de trabajo, desconocidos, entre otros. Estas figuras son espejos que nos ayudan a ver lo que no podemos por nosotros mismos. Pero también habría que aprender a escucharnos con atención.

Cuando el psicólogo, a quien a solo muy poco tiempo de conocerlo, me señaló mi patrón limitante, al principio me molestó. Era incómodo reconocer que estaba siendo mi propio obstáculo. Pero esa incomodidad fue el primer paso hacia una transformación real.

El despertar a la consciencia

El punto ciego no se trata solo de escuchar lo que queremos escuchar. Se trata de escucharnos primero a nosotros. Y si algo hace ruido, incluso si nos incomoda, es porque allí quizá es donde hay más que trabajar con nosotros. Recuerda, a menudo, estos puntos ciegos son el resultado de patrones de pensamiento repetitivos, experiencias pasadas, influencias culturales, políticas o religiosas que han quedado grabadas en nuestra mente y que nos impiden ver nuevas posibilidades.

Cuando este psicólogo holístico me señaló mi patrón de manifestación negativa, me molestó tanto que exclamé: "¡Pero el universo de mierda! Si yo todos los días estoy pidiendo dinero, ¿por qué no me da dinero?" Su respuesta, con una paciencia y tranquilidad admirables, me llevó a una comprensión más profunda de cómo mis propias palabras y creencias estaban creando mi realidad.

Herramientas para ver más allá

El proceso de identificar y trabajar con nuestros puntos ciegos requiere:

1. Apertura a la retroalimentación:
  - Estar dispuestos a escuchar perspectivas diferentes
  - Recibir críticas constructivas con humildad
  - Buscar activamente la opinión de otros

2. Observación consciente
  - Prestar atención a conductas repetitivas
  - Notar cuando las mismas situaciones se repiten
  - Identificar el denominador común en nuestras experiencias

3. Acción reflexiva
  - Tomar tiempo para procesar la retroalimentación
  - Implementar cambios graduales de dialogo y conducta.
  - Evaluar resultados tras implementar una acción de cambio verbal o de comportamiento.

El rol del autoconocimiento

Una de las claves que Robbins subraya para superar el punto ciego es el **modelado** o la observación y emulación de figuras de referencia que hayan alcanzado el tipo de éxito o resultados que deseamos. Por ejemplo, si quieres tener un determinado empleo en dólares, busca a alguien que ya tenga ese empleo y pregúntale:

¿Dónde te postulaste para ese empleo? ¿O cómo lo conseguiste? ¿Qué tuviste que hacer? ¿Qué herramientas estás usando para tu trabajo? ¿Qué cursos has tomado? Sin duda se trata no solo de conocer las respuestas, sino de actuar en consecuencia y tomar una iniciativa de comportamiento distinto al acostumbrado.

Robbins explica que el modelado no se trata solo de imitar superficialmente a una persona exitosa, sino de identificar las creencias, comportamientos, hábitos y estrategias que esa persona ha utilizado para lograr sus resultados. Este proceso nos ayuda a desactivar nuestros puntos ciegos al permitirnos ver otras formas de pensar, actuar y tomar decisiones que quizás no habíamos considerado antes.

Cuando el miedo disfraza nuestros puntos ciegos

A veces, nuestros puntos ciegos se esconden detrás de justificaciones aparentemente lógicas. Recuerdo una conversación reveladora con un amigo mientras nadábamos. Me contaba, con cierta frustración, sobre su búsqueda laboral activa. "Me va muy bien en las entrevistas", decía, "tengo muchas". Pero en ninguna entrevista resultaba en obtener el puesto según la situación.

Pero es que tu objetivo no es que te vaya bien en la entrevista, cuestioné. Y pregunté: "¿Qué estás haciendo para lograr que te den el trabajo?". La pregunta lo dejó pensativo. Había estado tan enfocado en prepararse para las entrevistas y agradar a los entrevistadores que había perdido de vista el objetivo real: conseguir el puesto.

Profundizando en la conversación, descubrimos algo fascinante. En una de sus últimas entrevistas, le habían ofrecido un trabajo que involucraba viajar, algo que él disfruta hacer. "¡Qué oportunidad!", le dije. "Podrías combinar trabajo con tu pasión por viajar y conocer más el país". Sin embargo, su respuesta reveló algo más profundo: comenzó a enumerar posibles problemas y obstáculos, ninguno realmente sustancial.

El punto ciego se hizo evidente cuando le sugerí una estrategia de negociación. "¿Por qué no aceptas el puesto bajo ciertas condiciones?, incluso ¿qué te parece duplicar o triplicar el salario que te ofrecen en lugar de solo decir no a la propuesta?". Su respuesta fue reveladora: con una risa nerviosa, respondiendo "Nooo, ¿Y si me dicen que sí?"

Ahí estaba: el verdadero punto ciego no era su capacidad para las entrevistas, sino su miedo a lo desconocido disfrazado de razones prácticas. Estaba tan cómodo en el proceso de búsqueda que la posibilidad real de un cambio lo aterraba. Como veremos más adelante en el capítulo sobre *Familiarizarnos con lo Desconocido*, a veces lo que más nos paraliza no es la falta de oportunidades, sino el miedo a abandonar nuestra zona de confort.

Ejercicio: Identificando tus puntos ciegos
1. Registro de patrones
- Anota situaciones que se repiten en tu vida
- Identifica frases que usas frecuentemente
- Reconoce emociones recurrentes

2. Búsqueda de retroalimentación
- Pide a tres personas de confianza que te den su opinión honesta
- Pregunta específicamente sobre áreas donde creen que podrías mejorar
- Escucha sin defenderte

3. Plan de acción
- Selecciona un punto ciego para trabajar
- Diseña pasos concretos para abordarlo
- Establece fechas de revisión

El viaje continuo

Lo más fascinante de este proceso es que, con el tiempo, aprendí a identificar mis propios puntos ciegos. La práctica de la autoobservación me enseñó a escucharme con atención y a reconocer los patrones limitantes antes de que se convirtieran en obstáculos insalvables. Este aprendizaje me llevó a una comprensión más profunda del poder transformador de nuestras palabras y pensamientos. **Lo que declaramos constantemente —ya sea positivo o negativo— termina configurando nuestra realidad.**

En el próximo capítulo, exploraremos cómo trabajar con el diálogo interno, esa voz constante que puede ser nuestra mayor aliada o nuestro mayor obstáculo. Pero por ahora, quiero que te quedes con esta reflexión: **escuchar lo que más nos incomoda puede ser la clave para avanzar.**

Allí, en ese ruido, se encuentra el trabajo más valioso que podemos hacer con nosotros mismos.

HAY QUE SALIR DEL BAR

CAPÍTULO 3:
TU DIÁLOGO INTERNO

¿Te has detenido a escuchar lo que te dices a ti mismo cada día? No solo me refiero a las palabras que te dices en voz alta, sino a esa voz interna que te acompaña en todo momento. Muchas veces, esa voz es nuestra peor crítica, y sin darnos cuenta, afecta nuestra forma de vivir.

El diálogo interno es una de las influencias más poderosas en nuestra vida, y aunque no siempre somos conscientes de ello, cada palabra que nos decimos construye la realidad que vivimos.

Recuerda cuando eras niño y te preguntaban qué querías ser de grande. Había una claridad y una convicción en esa respuesta que muchos de nosotros hemos perdido. ¿Qué sucedió entre esa idea de alcanzar grandes sueños y donde estamos ahora? La respuesta, en gran parte, reside en cómo ha cambiado nuestro diálogo interno a lo largo del tiempo.

La fuerza de las palabras internas
El diálogo interno puede ser tanto un aliado como un enemigo. Si cada día te dices cosas como "No soy suficiente", "Nunca lograré lo que quiero", "Es difícil salir de esta situación", "Es que no soy creativo", esa narrativa empieza a definir cómo te ves a ti mismo. Con el tiempo, esas palabras se convierten en una profecía autocumplida.

Recuerdo que, al principio de mi carrera, cada vez que cometía un error o no alcanzaba una meta, mi primera reacción era criticarme. "Sabía que no podías hacerlo", "Siempre fracasas en esto", "Nunca voy a lograr ese puesto", me decía a mí mismo. Cuanto más me hablaba de esa manera, más difícil me resultaba avanzar. Era como estar atrapado en un ciclo de autocrítica que me impedía reconocer mis propios logros.

El dialogo que nos formó

De pequeño, mi madre se sentaba a contarnos historias. Fue con ella que me hice aficionado al café; cada conversación venía acompañada de una taza humeante y su rostro, que oscilaba entre sonrisas y lágrimas mientras recordaba su niñez. Las historias solían ser las de costumbre, casi siempre tristes, casi siempre terminando en lágrimas.

Mi madre es un ser excepcional, ella lo sabe. Una mujer de coraje incomparable que ha criado a seis hijos, sin que ningún obstáculo la detuviera. Su valentía y determinación han sido una enseñanza constante en mi vida. Sin embargo, hay algo que posiblemente ella no sabe y está descubriendo al leer este libro: su diálogo interno ha sido un maestro involuntario sobre el poder de las palabras que nos decimos a nosotros mismos.

La escuchaba decir: "Soy una vieja arrugada y fea. ¿Quién se va a fijar en mí? ¿Quién va a quererme así como soy?" O cuando algo no salía como esperaba, sentenciaba: "Por eso uno no tiene que confiar en la gente. Te pagan con una puñalada."

Esa experiencia me enseñó algo fundamental sobre el diálogo interno: no es solo nuestro; a menudo es herencia, un patrón que absorbemos de quienes más amamos. Las palabras que escuchamos en casa se convierten en las voces que llevamos dentro.

Muchas veces no está mal que lloremos al recordar el pasado, pero he aprendido que casi siempre lloramos por el significado que hemos construido a través de esas experiencias. Nuestras lágrimas no son solo por lo que pasó, sino por la historia que nos hemos contado sobre lo que pasó.

Es fascinante cómo funcionan estas interpretaciones: alguien nos dice algo, y nosotros, basados en nuestras experiencias previas, le damos un significado que quizás está muy lejos de la intención original. Nos movemos por percepciones cerradas, por conceptos y creencias que hemos dado por sentado, y cuando algo similar ocurre en nuestra vida actual, reactivamos automáticamente ese estado de defensa.

Este ciclo de interpretación y reacción está profundamente arraigado en nuestro diálogo interno, alimentado por nuestra historia personal, nuestras creencias, nuestros patrones y nuestros traumas. Como aquellas tazas de café con mi madre, cada conversación interna está impregnada de historias pasadas, de significados heredados.

El poder de decidir cambiar el diálogo interno

Cambiar ese diálogo no fue fácil, pero fue absolutamente necesario. Lo primero fue empezar a prestar atención a lo que me decía. Cada vez que me sorprendía diciendo algo negativo, hacía una pausa y me preguntaba: "¿Es esto cierto?". En la mayoría de los casos, la respuesta era no. No era cierto que siempre fallaba o que nunca podría lograr lo que quería. Eran exageraciones que mi mente había creado para mantenerme protegido o lo que es igual, en zona de confort.

La clave está en transformar cada "es que" en una acción positiva. Cambiar el "Es que no soy suficiente" a "Estoy trabajando en esto y cada día mejor". El cambio no es ignorar la realidad, sino enfocarse en lo que puedes hacer para mejorar. Es un proceso gradual, pero reconocer los patrones negativos es el primer paso para empezar a reprogramar nuestra mente.

El diálogo interno negativo y la autocrítica

Hace poco, vi un video viral de una chica llorando desconsoladamente: "¡Gordo, tengo 35 años! ¿Qué he hecho con mi vida?". Esta escena resonó profundamente porque muestra cómo nuestro diálogo interno puede convertirse en una espiral descendente de autocrítica. La tendencia a pensar que no somos suficientes o que hemos fracasado puede atraparnos, pero esa narrativa no tiene que definirnos. Lo importante es reconocer cuando el diálogo interno se vuelve destructivo y transformarlo en algo que te impulse hacia adelante.

La importancia de la compasión y de ser amable con uno mismo

Esta transformación no fue solo un cambio mental; también fue un cambio de actitud hacia mí mismo. Ser compasivo conmigo mismo cuando cometí errores, en lugar de criticarme, me permitió liberar muchas de las cargas emocionales que llevaba conmigo. Recuerdo una vez en la que cometí un error durante un proyecto con un cliente. Estaba exhausto, y cuando una usuaria hizo una consulta, respondí de manera algo agresiva e irrespetuosa.

Después, me sentí culpable y no pude dejar de pensar en ello. Pero decidí permitirme ser compasivo y reconocer que había cometido un error. Este acto de reflexión me permitió aprender de la situación y mejorar mi comportamiento en el futuro.

La influencia de Marisa Peer: *"Soy Suficiente"*

Marisa Peer, es una Hipnoterapeuta británica de talla mundial y autora de *I Am Enough*, soy suficiente. En una de sus tantas enseñanzas, dice que muchas de nuestras inseguridades provienen de no sentirnos suficientes. Cuando aprendí a decirme a mí mismo que soy suficiente, comencé a reprogramar mi mente para creerlo de verdad. Este simple acto de emplear declaraciones positivas y usar mejores palabras, en lugar de las negativas, y elegir frases más constructivas; me ayudaron a cambiar mi perspectiva y mi diálogo interno.

Ejercicio: Transformando nuestro diálogo

1. **Registro consciente**
   - Durante los próximos días, presta atención a lo que te dices cuando cometes un error o enfrentas un reto
   - Anota las frases negativas que te vienen a la mente
   - Identifica patrones en tu diálogo interno
2. **Transformación**
   - Toma cada frase negativa y reformúlala en algo constructivo
   - No se trata de ignorar la realidad, sino de enfocarte en soluciones
   - Practica la compasión contigo mismo
3. **Nueva Narrativa**
   - Crea afirmaciones realistas y constructivas
   - Reemplaza "nunca podré" por "estoy aprendiendo a"
   - Cultiva un diálogo interno que te impulse, no que te limite

Tu diálogo interno define tu realidad

Lo que te dices a ti mismo todos los días importa más de lo que crees. Si tu diálogo interno es negativo, te estarás saboteando constantemente. Pero si aprendes a ser más amable contigo mismo, a cambiar esas frases autocríticas por afirmaciones más constructivas, comenzarás a ver un cambio significativo en cómo te sientes y en cómo enfrentas la vida. Pregúntate: "¿Qué me estoy diciendo a mí mismo hoy?". Recuerda que tu diálogo interno puede ser tu mayor aliado en la creación de la vida que deseas.

Para llevar contigo
- Escuchar tu diálogo interno es el primer paso para cambiar tu realidad.
- Lo que te dices a ti mismo tiene el poder de convertirse en tu verdad. Reemplaza las autocríticas por declaraciones constructivas.
- Ser compasivo contigo mismo te permite aprender de tus errores y crecer sin quedarte atrapado en la culpa.
- La clave para cambiar tu vida está en transformar tus pensamientos y las palabras que te dices a ti mismo.

Al final, tu diálogo interno no es solo una voz en tu cabeza; es el reflejo más íntimo de quién crees ser y de lo que consideras posible para tu vida. Transformarlo requiere práctica, paciencia y, sobre todo, intención.

Cuando aprendes a escuchar esa voz sin juzgarla y a reprogramarla con palabras que empoderen, comienzas a construir una nueva realidad desde adentro hacia afuera. No es un cambio que suceda de un día para otro, pero cada pequeña victoria en tu diálogo interno es un paso más hacia la vida que realmente deseas.

Recuerda: **lo que te dices a ti mismo es el guion de la historia que estás escribiendo.** Asegúrate de que sea un guion digno de ser vivido.

Pero incluso el diálogo interno más poderoso necesita espacio para florecer. Ahí es donde entra en juego tu ***contenedor personal:*** el espacio mental, emocional y físico que creas para recibir lo que deseas.

En el próximo capítulo, exploraremos cómo limpiar, expandir y fortalecer ese contenedor para que puedas albergar todas las posibilidades que estás llamando a tu vida. Porque de nada sirve manifestar algo si no tienes dónde recibirlo.

HAY QUE SALIR DEL BAR

CAPÍTULO 4:
EL CONTENEDOR PERSONAL

¿Alguna vez has intentado llenar un vaso ya repleto? No importa cuánto lo desees, simplemente no hay espacio para agregar nada más. Así funciona tu contenedor personal: si está lleno de pensamientos, hábitos o relaciones que ya no te sirven, no habrá lugar para lo nuevo.

El contenedor personal es el espacio mental, emocional y físico que tienes para recibir lo que deseas. Muchas veces, pedimos más en la vida —mejores oportunidades, relaciones más significativas, mayor bienestar— sin darnos cuenta de que no tenemos el espacio para sostenerlo. Este capítulo trata sobre limpiar, expandir y fortalecer ese contenedor para recibir las posibilidades que has estado manifestando.

El contenido que llevamos
Es curioso cómo, a menudo, no somos conscientes de lo que vamos acumulando a lo largo de los años. Todos somos como un contenedor que recibe, almacena y guarda experiencias, emociones, creencias y pensamientos. Al principio, ese contenedor estuvo vacío, cuando eras solo un bebé pero con el tiempo se fue llenando: las creencias heredadas, las emociones no procesadas, traumas, experiencias negativas y los pensamientos repetitivos que, aunque no los queramos, siguen allí.

Una de las enseñanzas más poderosas que me dejó Ken Honda, autor de *El Dinero Feliz*, es el concepto de que todos tenemos un "contenedor de dinero", y cómo este no solo se aplica al dinero, sino a todo lo que decidimos almacenar en nuestras vidas. Ken afirma que si tu contenedor es pequeño, nunca podrás recibir más de lo que sientes que mereces. Por el contrario, si lo expandes, crees que mereces más, y entonces podrás atraer más oportunidades y recursos.

Este concepto me hizo pensar profundamente sobre lo que estoy eligiendo guardar dentro de mí y cómo ese "contenedor" no es estático. Al igual que el dinero o las oportunidades, podemos hacer crecer nuestro contenedor para que se llene de lo que realmente nos beneficia.

La influencia de otros en nuestro contenedor
A menudo, las creencias y emociones que llevamos en nuestro contenedor no son solo nuestras. Las tomamos de las personas a nuestro alrededor: la familia, los amigos e incluso la sociedad. Pero no todas estas influencias son limitantes; algunas tienen el poder de transformar nuestra percepción de nosotros mismos y abrirnos a nuevas posibilidades.

Recuerdo claramente una experiencia con una profesora universitaria que marcó un antes y un después en mi vida. Durante mis primeros años en la carrera de Comunicación Social, me sentía inseguro y avergonzado de mi nombre. Había sido objeto de burlas durante años, y ese *bullying* me había llevado a desear ocultarlo tanto como fuera posible. Pero todo cambió un día en clase, cuando ella me miró fijamente y me dijo:

> **"Transforma el significado de ese nombre y hazlo valer. Gumercindo, sé inteligente."**

Sus palabras resonaron en mí de una forma que nunca esperé. Decidí dejar de avergonzarme y, en cambio, apropiarme de mi nombre como una herramienta para destacar. A partir de ese momento, comencé a usarlo en todas las piezas audiovisuales que creaba durante mis prácticas. No solo sobresalí por mi desempeño, sino que mi nombre empezó a resonar entre pasillos.

> **Gumercindo dejó de ser solo un nombre; se convirtió en mi sello personal.**

Con el tiempo, empecé a presentarme orgullosamente como Gumercindo en contextos personales y profesionales. Incluso llegué a definirlo como mi "nombre marketinero", una marca que me diferenciaba de los demás. Lo que antes era motivo de inseguridad se transformó en un símbolo de mi confianza y autenticidad.

Reconocer la influencia de los demás en lo que guardamos en nuestro contenedor es un paso importante para decidir qué queremos conservar. No todas las creencias externas nos limitan; algunas nos empoderan y nos ayudan a ver nuestro propio potencial desde una perspectiva nueva.

Pregúntate: **"¿Qué creencias de otros puedo transformar para que me impulsen?"** Muchas veces, el simple acto de reinterpretar un mensaje o una experiencia puede liberarnos de una visión negativa y ayudarnos a construir algo valioso para nuestro futuro.

De las emociones acumuladas a la liberación

Hace solo unos años, vivía en un departamento compartido. En ese tiempo, mi "contenedor" estaba lleno de incertidumbre, ansiedad y un miedo constante. Estaba en un punto crítico no solo económico sino emocional. Tanto que parecía manifestarse en mi entorno.

Cuando estaba solo en el departamento, escuchaba ruidos y voces: una puerta que se cerraba, una llave de ducha que se abría o personas en mi habitación. Me preguntaba si era mi mente, tan inquieta como yo, la que proyectaba esas sensaciones, o si realmente había algo más sucediendo.

"Viendo esa situación en perspectiva, a día de hoy, creo que fue mi mente bajo estrés o quizá mi propia sombra, de la que habla Carl Jung, peleando conmigo. Pero lo que sí aprendí es que, en momentos de vulnerabilidad, nuestra percepción del mundo se transforma. ¿Te ha pasado algo así? ¿Un momento en el que la realidad y lo inexplicable parecieran mezclarse?"

Finalmente, la revelación llega cuando comencé a cuestionar mis creencias y mis emociones no procesadas. Mucho tiempo de soledad, me permitió darme cuenta de que todo lo que llevaba dentro, toda la frustración, el resentimiento y las expectativas ajenas, que estaban ocupando espacio; podría estar empleándolo para mi propio bienestar. Así que fue cuando comprendí que, por más esfuerzo que pusiera en ayudar a los demás, no podía estar bien con ellos ni conmigo mismo mientras mi "contenedor" estuviera tan lleno de estrés, preocupaciones, culpas, creencias y mandatos que no me servían.

El contenedor puede expandirse

El contenedor no es algo estático. No está condenado a permanecer del mismo tamaño para siempre. Puedes expandirlo, puedes hacer que crezca si decides llenarlo de cosas que te nutren y te hacen sentir pleno. Esto no significa que debas estar siempre en un estado de optimismo forzado, sino que puedes decidir qué entra en tu vida y qué no.

Por ejemplo, solía tener la creencia de que solo trabajando duro, sacrificando mi tiempo y energía, podría lograr el éxito. Esa creencia ocupaba mucho espacio en mi contenedor. Pero cuando empecé a cuestionarla, me di cuenta de que el éxito no tenía que ser una lucha constante. Pude expandir mi contenedor para incluir la idea de que merecía disfrutar de mi trabajo, que podía tener éxito sin agotarme.

No todo lo que nos ofrecen merece espacio en nuestro contenedor. A veces, lo que otros ven como valioso puede no resonar con nuestra esencia. La clave está en desarrollar el discernimiento para elegir sabiamente lo que permitimos entrar y permanecer en nuestro contenedor.

Ejercicio: Inventario del contenedor
1. Reconocimiento inicial
- ¿Qué creencias llevas en tu contenedor sobre ti mismo?
- ¿Qué experiencias han moldeado significativamente tu vida?
- ¿Qué patrones de comportamiento reconoces en ti?

2. Evaluación de contenido
- Identifica tres creencias que te impulsan
- Identifica tres creencias que te limitan
- ¿De dónde vienen estas creencias?

3. Clasificación
Divide el contenido de tu contenedor en tres categorías:
- Lo que quieres conservar
- Lo que necesitas transformar.
- Lo que requieres actualizar o cambiar.
- Lo que estás listo para soltar o eliminar

4. Plan de Acción
- ¿Qué nuevo contenido quieres incorporar?
- ¿Cómo puedes comenzar a soltar lo que ya no te sirve?
- ¿Qué apoyo necesitas para esta transformación?

Lo que decides guardar define tu vida
El contenedor personal no solo se trata de lo que acumulamos, sino de lo que decidimos guardar. A veces, llenamos tanto nuestro contenedor con cosas que nos pesan, que no dejamos espacio para lo que realmente queremos en la vida. Lo que llevamos dentro define cómo vemos el mundo, cómo reaccionamos ante los

problemas y cómo nos relacionamos con los demás. Si guardamos resentimiento, miedo o creencias limitantes, esos son los lentes con los que vemos todo lo demás.

Por eso, es tan importante tomar decisiones conscientes sobre lo que decidimos guardar. Si solo guardamos lo que nos hace sentir bien, no significa que no podamos sentir tristeza o frustración, pero sí que priorizamos nuestra salud emocional y mental. Este proceso de selección, aunque al principio puede parecer difícil, es un acto de valentía y de amor propio.

Para llevar contigo
- El contenedor no es solo un espacio para acumular, sino para transformar.
- Liberar lo que no te sirve no es un acto de renuncia, sino de autocompasión.
- Los pensamientos limitantes y las emociones no procesadas ocupan un espacio que podrías usar para el crecimiento y la paz interior.
- El verdadero poder está en saber qué guardar y qué dejar ir.

La calidad de nuestra vida está directamente relacionada con lo que mantenemos en nuestro contenedor. Cada pensamiento, cada creencia, cada experiencia que elegimos conservar o soltar impacta en quiénes somos y en quiénes nos estamos convirtiendo.

Recuerda: no hay un momento "perfecto" para revisar y renovar tu contenedor. Este proceso es continuo, y cada persona tiene su propio ritmo de transformación. Habrá momentos en los que necesites soltar cargas pesadas, y otros en los que te concentres en expandir tu capacidad para recibir lo nuevo.

Lo importante es mantener una consciencia activa sobre lo que llevas contigo y preguntarte: **"¿Esto me está sirviendo para avanzar o me está frenando?"**. Tu contenedor personal es como un reflejo de tus posibilidades: cuanto más limpio, amplio y fuerte sea, más espacio tendrás para construir la vida que deseas.

Así que, da el siguiente paso con intención. **Llena tu contenedor solo con lo que realmente te hace sentir pleno y en paz.**

Pero incluso cuando tu contenedor está listo, pueden aparecer bloqueos invisibles: esas resistencias internas que surgen como dudas, miedos o hábitos arraigados. En el próximo capítulo, exploraremos cómo identificarlas, comprender su origen y enfrentarlas con determinación a través de las preguntas acertadas. Porque a veces, el mayor obstáculo no es lo que llevas contigo, sino lo que te detiene desde dentro.

HAY QUE SALIR DEL BAR

CAPÍTULO 5:
EL PODER DE LAS PREGUNTAS ACERTADAS

Las preguntas que te haces tienen un poder inmenso sobre cómo ves el mundo y cómo enfrentas los desafíos. Preguntas como "¿por qué siempre me va mal?" o "¿por qué no puedo lograr lo que quiero?" solo te mantienen estancado. Pero si aprendes a hacerte las preguntas correctas, puedes transformar tu realidad.

Las preguntas correctas son aquellas que nos llevan a reflexionar y nos conducen a un estado activo de repensar, de volver a empezar, de obtener una perspectiva diferente a esa que ya creemos tener como respuesta definitiva. Son aquellas que nos empoderan y nos ponen en un estado diferente de optimismo y energía.

La trampa de las preguntas limitantes
A menudo, cuando las situaciones no salen como esperamos, nuestra primera reacción es hacernos preguntas que, en lugar de ayudarnos a avanzar, nos dejan atrapados en el problema. Preguntas como "¿Por qué nunca puedo hacerlo bien?" o "¿Por qué siempre me pasa esto a mí?" son preguntas que te colocan en el papel de víctima y no te permiten buscar soluciones o alternativas.

El de víctima es el más utilizado en la sociedad, y el que considero que funciona muy a menudo para obtener lo que queremos, pero ¿te has puesto a pensar que hay otros papeles que también podrías interpretar? ¿Qué te parece optar por otro papel que este alineado con la persona en la que te quieres convertir?

Recuerdo cuando me despidieron de mi primer empleo "profesional". Mi pregunta inmediata fue: "¿Por qué si soy tan bueno en lo que hago me despiden?" Esta pregunta me mantenía en un ciclo de victimización que no me permitía ver las oportunidades de crecimiento. Tiempo después reflexiono y me doy cuenta de que ese papel solo me ayudaba a liberar mis emociones demandando la atención de los demás pero sin llevarme a ningún escenario en que me hiciera ver de que yo era quien debía asumir la responsabilidad del cambio.

La transformación a través de las preguntas

Tony Robbins, considerado uno de los mayores referentes en el ámbito del desarrollo personal y la superación, ha ayudado a millones de personas a replantear sus vidas a través del poder de las preguntas. Entre sus enseñanzas más transformadoras, destaca su frase: "La calidad de tu vida depende de la calidad de tus preguntas." Este principio, simple pero profundo, nos invita a reflexionar sobre cómo las preguntas que nos hacemos a diario pueden determinar no solo nuestras decisiones, sino también la dirección de nuestra vida.

Aprendí de Robbins que el enfoque de nuestras preguntas tiene el poder de cambiar nuestra perspectiva, dirigir nuestra atención y, lo más importante, movernos a la acción. Recuerdo un momento en mi vida en el que me encontré preguntándome: "¿Por qué, si era tan bueno en lo que hacía, me despedían?" Esa pregunta me atrapaba en un ciclo de autocompasión y victimización. Fue entonces cuando decidí transformarla: "¿Qué puedo aprender de esta situación?" o "¿Qué mensaje me quiere dar esta experiencia?" Estas nuevas preguntas no solo me ayudaron a cambiar mi enfoque, sino que también me llevaron a encontrar soluciones en lugar de excusas.

Las preguntas tienen una estructura que nos obliga a decidir cómo vamos a enfrentar nuestra realidad. Las preguntas de calidad nos hacen responsables de nuestras emociones y circunstancias, en lugar de culpar a otros o adjudicar nuestras experiencias a factores externos. Es ahí donde radica su verdadero poder: en empujarnos a la acción consciente.

Ejemplos de Reencuadre de Preguntas

- En lugar de preguntarte: "¿Por qué soy pobre?", puedes cambiarlo a: "¿Qué acciones necesito tomar para generar más ingresos?"
- Si sueles pensar: "¿Por qué siempre me va mal?", reformúlalo como: "¿Qué puedo hacer diferente para mejorar mis resultados?"
- Y cuando te encuentres diciendo: "¿Por qué las personas me hacen tanto daño?", podrías replantearlo como: "¿Qué necesito aprender para establecer mejores límites?"

- Y si alguna vez piensas: "No tengo el tiempo, dinero o recursos suficientes", prueba preguntarte: "¿Qué puedo hacer en este momento con lo que tengo, sin importar lo que haga falta?"

Esta última pregunta es una de mis favoritas. Es la que empleo cada vez que quiero empezar algo, ya sea un proyecto, una idea o incluso cuando enfrento un desafío inesperado. Bajo cualquier circunstancia, esta pregunta me obliga a salir del pensamiento limitante y me enfoca en las posibilidades. Es también una de las preguntas que promuevo con mis equipos de colaboradores y clientes, porque tiene la capacidad de desbloquear nuestra creatividad y abrirnos a soluciones prácticas.

La clave está en redirigir nuestra atención hacia lo que ya está en nuestras manos, hacia los recursos y fortalezas que sí tenemos. Al hacernos responsables de lo que podemos controlar, damos el primer paso, no importa cuán pequeño sea, y ese movimiento inicial suele ser el impulso que necesitamos para alcanzar algo más grande.

El Poder de replantearnos las preguntas

Las preguntas más acertadas tienen una capacidad única para:
- Llevarnos a reflexionar profundamente
- Descubrir nuevas posibilidades
- Tomar responsabilidad
- Generar soluciones creativas
- Impulsar la acción constructiva
- Ampliar nuestra perspectiva

Las preguntas como puente de transformación

Así como nuestro contenedor personal se renueva constantemente y aprendemos a familiarizarnos con lo desconocido, las preguntas que nos hacemos actúan como puentes entre quienes somos y quienes podemos llegar a ser. Son herramientas poderosas que conectan diferentes aspectos de nuestro crecimiento personal.

Preguntas que iluminan nuestros puntos ciegos

Los puntos ciegos, como vimos anteriormente, son esos aspectos de nuestra vida que no podemos ver por nosotros mismos. Las preguntas acertadas actúan como una linterna que ilumina estas áreas oscuras. No es casualidad que cuando vamos al gimnasio y alguien nos corrige un ejercicio, la pregunta no es "¿por qué lo hago mal?" sino "¿cómo puedo mejorar mi técnica?"

En mi caso, la revelación sobre mis patrones laborales no vino de preguntarme "¿por qué me despiden?", sino de cuestionar "¿qué estoy manifestando con mis palabras y acciones?" Esta simple transformación en la pregunta me permitió ver un punto ciego que había estado ahí durante años.

Preguntas que transforman el diálogo interno

Nuestro diálogo interno está compuesto en gran parte por las preguntas que nos hacemos constantemente. Cuando aprendemos a transformar preguntas limitantes en preguntas empoderadoras, no solo cambiamos nuestra narrativa interna, sino que abrimos nuevas posibilidades de acción.

Por ejemplo, cuando mi madre se preguntaba "¿Quién va a quererme así como soy?", esta pregunta formaba parte de un diálogo interno limitante. La transformación comienza cuando cambiamos estas preguntas por otras como "¿Qué cualidades únicas tengo para ofrecer?"

Preguntas para explorar lo desconocido

Las preguntas acertadas son como llaves que abren puertas hacia territorios inexplorados. Cuando cambiamos el enfoque de nuestras preguntas, dejamos de limitarnos con "¿por qué no puedo?" o "¿y si sale mal?" y nos permitimos avanzar con preguntas más poderosas como "¿qué nuevas posibilidades se abrirían si lo intento?" o "¿qué habilidades podría descubrir en este proceso?"

Recuerdo un momento crucial en mi vida cuando enfrentaba una decisión importante sobre emigrar. Durante semanas, las preguntas que me hacía me mantenían paralizado: "¿Y si no funciona?", "¿Qué haré si fracaso?" Estas preguntas no solo amplificaban mis miedos, sino que me impedían ver las oportunidades. Fue entonces cuando decidí replantearlas: "¿Qué puedo ganar al intentarlo?", "¿Qué lección podré aprender incluso si las cosas no salen como espero?" Al hacerme esas preguntas, empecé a cambiar mi perspectiva y, más importante aún, mi disposición para enfrentar el cambio.

Este cambio no significa ignorar los riesgos, sino redirigir nuestra atención hacia las oportunidades. Estas preguntas nos desafían a mirar más allá del miedo y enfocarnos en lo que realmente importa: el crecimiento que puede surgir del intento.

El ciclo de transformación

Las preguntas acertadas crean un ciclo positivo de transformación:
- Nos ayudan a identificar puntos ciegos
- Transforman nuestro diálogo interno

- Nos impulsan hacia lo desconocido
- Expanden nuestro contenedor personal

Es como si cada pregunta acertada fuera una piedra que creara ondas en el agua de nuestra consciencia, afectando múltiples aspectos de nuestra vida simultáneamente.

Ejercicio: Transformando nuestras preguntas
1. Registro de preguntas actuales
- Durante una semana, anota las preguntas que te haces cuando enfrentas desafíos
- Identifica patrones en tus preguntas
- Observa qué emociones generan estas preguntas

2. Transformación de preguntas
- Toma cada pregunta limitante y transfórmala en una pregunta que te impulse
- Cambia el "por qué a mí" por "qué puedo hacer"
- Convierte cada queja en una pregunta constructiva

3. Práctica diaria
- Cada mañana, hazte una pregunta poderosa que guíe tu día
- Ante cada desafío, pausa y replantea tu pregunta inicial
- Al final del día, pregúntate qué aprendiste

El impacto en nuestra vida
Cambiar las preguntas que te haces es una de las formas más sencillas pero más efectivas de transformar tu mentalidad y, en consecuencia, tu comportamiento. En lugar de enfocarte en lo que no puedes hacer o en lo que te falta, pregúntate qué puedes hacer para mejorar la situación. Y ahora quizá te preguntaras, ¿pero cuándo y cómo llegaran las respuestas? En mi experiencia personal, en la ducha, en los sueños, leyendo un libro, oyendo un *podcast*, conversando con un amigo e incluso solo escuchar una frase de algún desconocido.

Las preguntas son como llaves que abren puertas en nuestra mente. No es solo qué preguntamos, sino cómo lo hacemos y cuándo lo hacemos. La próxima vez que te encuentres en una situación desafiante, recuerda: la pregunta correcta puede ser el primer paso hacia la solución que buscas. Pregúntate hoy: "¿Qué puedo hacer para acercarme más a lo que quiero?

HAY QUE SALIR DEL BAR

CAPÍTULO 6:
GRATIFICACIÓN INSTANTÁNEA VS. CRECIMIENTO REAL

La gratificación instantánea se ve diferente para cada uno de nosotros, pero el resultado siempre es el mismo: una sensación momentánea de satisfacción seguida por un vacío más profundo que el inicial. A modo simple, es ese resultado rápido que queremos. No toma tanto tiempo, no toma demasiada energía. Y nos mantiene cómodos. Nos mantiene en lo conocido.

Piensa en la última vez que elegiste el camino fácil. Quizás fue esa comida rápida en lugar de cocinar algo nutritivo, o ese "sí" a un trabajo que sabías que no te haría crecer, o esa relación que mantuviste solo por no estar en soledad. No te juzgues - todos hemos estado allí. La gratificación instantánea es como una sirena seductora: nos promete alivio inmediato del dolor, la incomodidad o la incertidumbre.

Pero aquí está la verdad incómoda: cada vez que elegimos la gratificación instantánea, estamos haciendo un trato con nuestro futuro yo. Intercambiamos un momento de placer por horas, días o años de estancamiento. Es como pedir un préstamo a una tasa de interés exorbitante: el placer es inmediato, pero el costo es exponencial.

Lo fascinante de la gratificación instantánea es que se disfraza de diferentes formas para cada uno de nosotros. Para algunos es la comodidad de un trabajo mediocre, para otros es la familiaridad de una relación que ya no crece, o la falsa sensación de logro por ir al gimnasio sin un plan real de progreso. Se presenta como una solución, cuando en realidad es solo un sedante temporal para nuestras aspiraciones más profundas.

En este capítulo, exploraremos no solo cómo identificar estas trampas en nuestra vida diaria, sino también cómo podemos transformar nuestra relación con la incomodidad, el esfuerzo y el crecimiento real. Porque al final, la verdadera satisfacción no viene de evitar el dolor, sino de atravesarlo con propósito.

Rompiendo mis propios patrones con hipnosis
A lo largo de mi viaje de desarrollo personal, pocas influencias han sido tan transformadoras como los entrenamientos de Marisa Peer, mencionada un capítulo anterior, quien es destacada por tu método de Hipnoterapia Transformacional Rápida (HTR). Sus enseñanzas no solo cambiaron mi mentalidad; transformaron fundamentalmente mi comprensión sobre cómo operan nuestras creencias, patrones y comportamientos, incluyendo nuestra relación con la gratificación instantánea.

Una de sus lecciones más poderosas trata sobre *familiarizarnos con lo desconocido* y *desfamiliarizarnos de lo conocido.* A través de sus enseñanzas, entendí cómo la gratificación instantánea nos mantiene atrapados en lo familiar, en lo conocido, aunque no nos sirva o nos limite.

Lo experimenté personalmente cuando comencé a poner en práctica sus principios. Durante mucho tiempo, tenía la costumbre de repetirme constantemente: "No me puedo dar ese gusto de gastar dinero para entrar a ese restaurante". Era un pensamiento automático, un juicio basado puramente en percepciones externas sobre el precio y el lugar, sin haberlo experimentado realmente.

Siguiendo las prácticas de Peer sobre cómo romper con la gratificación instantánea, comencé a trabajar específicamente:

- En silenciar esa voz interior limitante que me mantenía en lo familiar
- Cuestionar las creencias que me alejaban de nuevas experiencias
- Permitirme explorar más allá de mi zona de confort

La gratificación instantánea me había mantenido en los mismos lugares de siempre, con los mismos cafés, a las mismas horas lo conocido, seguro, familiar. Pero como Marisa enseña, esta búsqueda de lo familiar a menudo impide experimentar algo mejor.

Al aplicar sus técnicas para familiarizarme con lo desconocido, descubrí que aquellos lugares que asumía por ejemplo, como "demasiado costosos" frecuentemente resultaban ser más económicos que mis opciones habituales. No solo eso: ofrecían mejor servicio, nuevas experiencias, diferentes sabores. La realidad era completamente distinta a mis creencias limitantes, juicios y sesgos.

Este principio de Marisa se extiende mucho más allá de elegir un restaurante, como era en mi caso. Pues, aplica a cada área de nuestra vida, donde la gratificación instantánea nos mantiene en patrones limitantes:

- **En el trabajo,** cuando nos quedamos en posiciones cómodas pero estancadas
- **En relaciones**, cuando nos conformamos con lo conocido por miedo a la soledad
- **En alimentación,** cuando pasamos por las góndolas del supermercado y elegimos lo mismo.
- **En nuestros hábitos diarios**, cuando repetimos comportamientos que no nos sirven: Ver la televisión por mucho tiempo, escuchar las noticias al empezar el día, no hacer ejercicio, entre otros.

Marisa asegura que podemos reentrenar nuestro cerebro para encontrar comodidad en el crecimiento en lugar de en el estancamiento. La gratificación instantánea nos mantiene en lo familiar porque nuestro cerebro lo interpreta como seguro, pero podemos aprender a sentirnos seguros también en la expansión y el crecimiento.

Como ella enfatiza, no se trata solo de forzarnos a hacer cosas diferentes, sino de transformar nuestra relación con lo desconocido. Cuando comenzamos a familiarizarnos con nuevas experiencias, cuando nos permitimos explorar más allá de nuestros límites autoimpuestos, descubrimos que el verdadero placer no está en la gratificación instantánea de lo conocido, sino en la satisfacción profunda del crecimiento personal.

Manifestaciones en nuestra vida diaria
En el ejercicio físico
Voy todos los días al gimnasio, pero si no estoy aumentando de masa muscular o sigo aumentando de peso en lugar de bajar, probablemente habría que reevaluar qué estoy haciendo. La gratificación instantánea es tan sutil, a ejemplo personal, que puede ser que yo vaya al gimnasio para salir de mi estrés, de mi agobio. Una clase de yoga, un entrenamiento físico, que me hacen escapar de una responsabilidad importante, en lugar de quizá planificar mejor mis horarios o mi entrenamiento correcto de peso y alimentación.

En la alimentación
Cuando paso por las góndolas del supermercado y cargo con los dulces, los refrescos, y me olvido de los productos más idóneos para mi alimentación, estoy eligiendo la gratificación instantánea. Es como comerme otra pizza por cuarta vez en la semana y

no detenerme un momento a evaluar esa situación y comprar alimentos más idóneos para mis objetivos alimenticios o al menos mucho más saludables. Se trata de trabajar por una alimentación mucho más consciente para cuidar mejor de nuestra salud y bienestar no solo a corto sino a largo plazo.

En las relaciones
A veces nos encontramos en relaciones solo por estar, por no sentirnos solos. En una relación donde constantemente estamos demandando al otro peticiones o requerimientos que nos hacen sentir bien porque de alguna forma los protegemos, los cuidamos o los ayudamos. Son patrones aprendidos o que representan un rol como un padre, como una madre, como un ayudador, como un cuidador. En ese caso, estaríamos cayendo en la gratificación instantánea de mostrarnos útiles. Cuando en sí nos descuidamos nosotros.

En lugar de trabajar en construir mejores relaciones y encontrar al compañero que se alinee con tus valores, que nos ofrezca responsabilidad emocional y amor propio consigo mismo. Nos respeta y valora cuando le comunicaciones bien nuestras propias necesidades y emociones. Pero no solo en una relación amorosa, sino familiar, personal o laboral. Vas a poder obtener las herramientas que me han servido a mí en el capítulo 8, sobre la comunicación asertiva.

En el trabajo
La gratificación instantánea en el ámbito laboral es quizás una de las trampas más sutiles y peligrosas. ¿Cuántas veces no has visto que hay alguien que está en un trabajo que no le gusta y va a él todos los días por un sueldo mínimo que se acaba a los días de haberlo cobrado? Lo hace con constancia, sí, pero ¿qué sucede después? Lo hace sentir poca cosa, infeliz, insatisfecho, que no está creciendo, que no está evolucionando.

Considero que no está mal si no tenemos un empleo durante un mes o dos meses, siempre y cuando le estemos dedicando a la búsqueda concreta del empleo que deseamos. Pero además no tendrías que entrar en desespero y quedarte en cualquier empleo que no te sienta cómodo.

A menos que justo sea tu estrategia como puente para construir el escalón que te lleva adonde realmente quieres. Como en mi caso, que cuando estuve en la cafetería, continuaba capacitándome en habilidades de marketing y publicidad. En ese sentido, se cuestión de normalizar que se trata solo de pasar esa brecha de la incomodidad:

- La incomodidad de la conversación incómoda con el jefe para solicitar aumento de sueldo.
- La incomodidad de renunciar al empleo donde te explotan e irrespetan tus derechos.
- La incomodidad para despedir a un empleado que no está rindiendo como esperas. Aplica si eres un emprendedor, dueño de negocio o directivo.
- La incomodidad de comunicar al cliente la baja de proyecto que no está dando resultados.
- La conversación clara y directa con la pareja para hacer cambios importantes
- La incomodidad para cortar una relación de socios que no avanza satisfactoriamente.

El costo oculto de la gratificación instantánea
En uno de los proyectos más importantes en los que trabajé, tuve una colaboradora con muchísimo potencial. Su habilidad para conectar con los clientes y gestionar ventas era impresionante, y tenía todas las cualidades para destacar. Sin embargo, vivía en un constante estado de estrés y ansiedad, tratando de abarcar demasiado al mismo tiempo. Esto la llevaba a caer en una rutina agotadora que, lejos de potenciar su creatividad y enfoque, la limitaba.

Su manera de desconectar de esta presión era yéndose de fiesta. Las noches de diversión se convertían en su escape, una forma de liberarse del peso de los compromisos y responsabilidades del día a día. Pero con el tiempo, empecé a notar cómo esta dinámica le estaba pasando factura. Llegaba al trabajo agotada, con menos claridad para tomar decisiones importantes y menos energía para aprovechar oportunidades que podrían haber impulsado su crecimiento.

Cuando surgían posibilidades de avanzar en el proyecto o de asumir nuevos retos, su respuesta solía ser algo como: "Es que no tengo tiempo para eso". Lo que estaba ocurriendo era un tema de prioridades. No era cuestión de falta de tiempo, sino de cómo elegía utilizarlo. Mientras buscaba alivio inmediato para el estrés, dejaba de lado cosas que podían haber marcado una gran diferencia en su vida: leer un libro, tomar un curso para desarrollar nuevas habilidades o incluso cuidar mejor de su descanso, su alimentación y su salud física.

Estas decisiones, aunque parecían pequeñas en el momento, estaban creando un efecto dominó que no solo afectaba su desempeño en el trabajo, sino también otras áreas importantes de su vida.

Cuando la gratificación instantánea nos aleja de lo que importa

Esta experiencia me hizo reflexionar sobre cómo a veces caemos en la trampa de la gratificación instantánea. Lo que comienza como un alivio momentáneo para lidiar con el estrés puede, con el tiempo, convertirse en un hábito que limita las posibilidades. El cansancio acumulado, los excesos y la falta de enfoque empiezan a alejarnos de aquello que más valoramos: nuestras metas, nuestras relaciones y, en primera instancia, nuestro bienestar.

No se trata de demonizar el disfrute ni de decir que está mal tomarse una noche para desconectar. Lo que importa es encontrar el equilibrio y entender que cada decisión cuenta. La energía que dedicamos a esa actividad puede ser la que necesitamos para aprender algo nuevo, fortalecer una relación significativa o invertir en nuestro futuro.

Todo cuenta

Brian Tracy, reconocido autor y experto en desarrollo personal, nos recuerda una verdad contundente: *"Todo cuenta"*. Cada elección que hacemos, ya sea consciente o automática, nos acerca o nos aleja de la vida que realmente deseamos. Este principio nos invita a reflexionar sobre la suma de nuestras acciones diarias: desde las pequeñas decisiones, como qué hacemos en nuestros momentos de descanso, hasta las grandes elecciones que determinan nuestra trayectoria.

El verdadero desafío está en aprender a priorizar lo que realmente importa. Tracy nos inspira a entender que momentos de disfrute y desconexión son necesarios para recargar energías, pero advierte que estos no deben convertirse en un refugio constante que termine sacrificando nuestro progreso a largo plazo. La clave está en equilibrar la satisfacción inmediata con el compromiso hacia nuestras metas, un acto que requiere disciplina, propósito y claridad.

Salir de la trampa de la gratificación instantánea no es fácil, pero es posible. Comienza con una pregunta fundamental: ¿Qué quiero construir? Si logramos alinear nuestras decisiones diarias con ese objetivo, estaremos invirtiendo cada acción en el futuro que realmente deseamos. Porque al final, el verdadero crecimiento no surge de evitar la realidad, sino de enfrentarnos a ella con determinación y una visión clara de hacia dónde queremos ir.

Los costos ocultos

La gratificación instantánea siempre viene con un precio:
- Resultados mediocres o peor aún, sin resultados

- Un trabajo que nos hace sentir menos
- Relaciones que no nos nutren por el contrario nos mantiene inconforme
- Hábitos que nos mantienen estancados
- Vivimos en un estado de alerta, agotamiento, estrés y ansiedad

El *todo cuenta* significa que muchas veces queremos algo, pero por otro lado, estamos haciendo todo lo contrario. Por ejemplo, yo quiero aumentar de masa muscular, pero resulta que no estoy comiendo bien o incluso no estoy comiendo. O por el contrario, haz elegido tener una dieta inadecuada, comer en exceso, queriendo bajar de peso.

El verdadero crecimiento real requiere:
1. **Planificación consciente:**
   - Establecer objetivos claros
   - Diseñar estrategias realistas
   - Anticipar obstáculos

2. **Consistencia sobre intensidad**
   - Pequeños pasos constantes
   - Hábitos sostenibles
   - Progreso medible

3. **Paciencia activa**
   - Enfoque en el proceso
   - Aceptación de la incomodidad
   - Celebración del progreso real

Ejercicio: Identificando la gratificación instantánea
1. **Registro diario**
   - Anota situaciones donde eliges la gratificación instantánea
   - Identifica qué estabas evitando
   - Reconoce el costo a largo plazo

2. **Plan de acción**
   - Elige un área para trabajar (ejercicio, alimentación, relaciones, trabajo)
   - Diseña un plan realista pero desafiante
   - Establece medidas de progreso

3. **Seguimiento**

- Registra tus avances
- Ajusta según sea necesario
- Celebra los logros reales

Recuerda: la gratificación instantánea te da un momento de placer seguido de culpa o insatisfacción. El crecimiento real puede ser incómodo al principio, pero te da una satisfacción duradera y resultados que realmente importan. La pregunta no es si puedes cambiar - es si estás dispuesto a abrazar la incomodidad del crecimiento real por sobre el confort momentáneo de la gratificación instantánea.

CAPÍTULO 7:
DEJA DE CALLAR: APRENDE A DECIR LO QUE PIENSAS, NECESITAS Y SIENTES DE VERDAD

¿Alguna vez has dicho "sí" cuando en realidad querías decir "no"? Evitar el conflicto es una reacción común, pero con el tiempo, esa pasividad puede crear frustración y resentimiento. En este capítulo, exploraremos cómo la asertividad te permite defender tus derechos de manera clara y respetuosa, sin ceder ni agredir.

La comunicación ha sido la herramienta más poderosa en mi proceso de transformación personal. No solo me ha permitido expresar quién soy, sino que ha sido el puente para convertirme en quien puedo ser. Como una llave maestra, la comunicación asertiva abre puertas que parecían cerradas, transforma relaciones que creíamos estancadas y nos permite reclamar espacios que pensábamos inalcanzables.

La asertividad no es algo que nacemos sabiendo hacer; es algo que podemos aprender y perfeccionar. Como hemos visto anteriormente en los capítulos sobre *El contenedor personal* y *Las preguntas acertadas*, la asertividad también requiere un trabajo previo con nuestro diálogo interno y las creencias limitantes que han formado parte de nuestro "contenedor". Solo al cambiar estas creencias podemos comunicarnos de manera auténtica y efectiva.

Un ejemplo cotidiano: El poder de la asertividad

Imagina que vas a un restaurante a cenar. El camarero te trae lo que pediste, pero la copa está sucia. Te encuentras ante tres opciones:

1. **La opción pasiva**: Te callas y sigues con la copa sucia, evitando causar una confrontación.

2. **La opción agresiva**: Le reclamas al camarero de forma brusca, dejándole claro tu desagrado.
3. **La opción asertiva**: Pides al camarero amablemente que te cambie la copa.

Aquí es donde entra en juego lo aprendido en los capítulos anteriores: el diálogo interno juega un papel crucial. Si no hemos trabajado nuestro diálogo interno y nuestras creencias, la opción más probable es la pasiva o la agresiva. En cambio, si estamos conscientes de lo que realmente necesitamos y deseamos, podemos optar por la asertividad, defendiendo nuestros derechos sin agredir ni someter.

El arte de la asertividad: más allá de las palabras

La asertividad no es una habilidad que nacemos sabiendo, sino que se aprende con el tiempo, gracias a la práctica y a herramientas como las que he ido perfeccionando a lo largo de mi carrera profesional con mi base en Periodismo. Recuerdo un escenario en clases que marcó un antes y un después en mi forma de comunicarme: nos asignaron la tarea de entrevistar a una madre que había perdido a su hijo en una persecución policial y que había sido abatido.

Imagínate por un momento ponerte en los zapatos de esa mujer, enfrentarte a su dolor y saber qué decir sin caer en frases vacías o insensibles. Muchos de mis compañeros cometieron el error de preguntar: "¿Cómo se siente señora?" —una pregunta que, aunque bien intencionada, carecía de empatía y mostraba poca comprensión del contexto. La verdadera asertividad, como aprendí en esos años, va mucho más allá de las palabras: se trata de escuchar, observar lo que no se dice y tener la valentía de hacer preguntas que realmente conecten con la persona, sin juzgar, pero también sin dejar de comunicar lo que necesitamos.

La comunicación efectiva, en especial la asertividad, se mejora cuando aprendemos a mirar más allá de lo evidente, como un entrevistador que se pone los "lentes del espectador" para captar los detalles que revelan más de lo que está a simple vista.

De contenedor a comunicador

Al igual que nuestro *contenedor personal* alberga experiencias, creencias y emociones, la asertividad es el canal que nos permite compartir ese contenido de manera efectiva. Las herramientas de reflexión previas, como las preguntas, son fundamentales para que la asertividad fluya. Pregúntate: ¿Qué necesito dejar claro en esta situación? ¿Cómo lo puedo hacer de manera que no perjudique ni a mí ni a la otra persona? Estas preguntas. ayudan a clarificar nuestros deseos y a actuar con coherencia y respeto.

Ser asertivo es vaciar nuestro contenedor de manera estratégica, seleccionando lo que es importante compartir y cómo hacerlo sin perder nuestra esencia ni vulnerabilidad. La asertividad no es solo una habilidad de comunicación sino una herramienta que nos empodera para tomar control de nuestra vida.

Características de una persona asertiva

Las personas asertivas no nacen, se hacen. Y el proceso para ser asertivo empieza con el autoconocimiento, como lo vimos en los capítulos anteriores. Algunas de las características de una persona asertiva son:

- **Confianza en sí misma**: La persona asertiva sabe lo que vale y no tiene miedo de expresarlo.
- **Respeto por los demás**: A pesar de defender su punto de vista, la persona asertiva valora y respeta las opiniones de los demás.
- **Capacidad para decir "no"**: Saben cuándo rechazar algo sin sentirse culpables.
- **Empatía**: Son capaces de escuchar y comprender a los demás sin perder de vista sus propios derechos.

El diálogo interno juega un papel esencial aquí. Si nos hablamos a nosotros mismos de manera negativa, no podremos ser asertivos. Necesitamos creer que nuestros derechos son tan válidos como los de los demás, y que hablarlo no nos convierte en egoístas, sino en seres responsables de nuestra felicidad.

Cruzando la mesa de la comunicación

La asertividad fue fundamental cuando decidí expandir mi mesa de posibilidades. Cada vez que necesité negociar un mejor salario, establecer límites en relaciones personales o exponer desacuerdos profesionales, la comunicación asertiva fue la herramienta que me permitió hacerlo sin romper puentes ni comprometer mi integridad.

De manera similar de cómo lo veremos más a fondo en el capítulo de *la mesa de posibilidades*, donde establecemos límites autoimpuestos y que nos restringen; en la asertividad también es crucial reconocer esas fronteras invisibles. ¿Qué límites me estoy imponiendo? ¿Qué me impide hablar con claridad y confianza? Al desafiarlos, podemos salir del "bar" del confort y abrazar nuevas posibilidades.

La importancia de la asertividad

La asertividad no solo se trata de cómo nos comunicamos con los demás, sino también de cómo nos relacionamos con nosotros mismos. Al aprender a ser asertivos, comenzamos a establecer límites saludables, reforzamos nuestra autoestima y nos empoderamos para tomar decisiones conscientes. Al igual que el *contenedor personal*, la asertividad nos permite llenar nuestra vida de lo que realmente deseamos, sin temor a la crítica ni a la desaprobación.

El punto ciego de la comunicación

A menudo, nuestra forma de comunicarnos tiene puntos ciegos que solo otros pueden ayudarnos a ver. Esto es muy similar a lo que exploramos en el capítulo sobre *El punto ciego*. Puede que no seamos conscientes de cómo nos perciben los demás, de cómo nuestras palabras pueden ser interpretadas como agresivas o pasivas. Identificar estos puntos ciegos es parte del proceso para ser más asertivos.

Un punto ciego común es la creencia de que siempre debemos complacer a los demás. Este patrón de comportamiento se puede modificar preguntándonos: ¿Estoy realmente defendiendo lo que quiero, o estoy haciendo lo que los demás esperan de mí? Transformar esta creencia nos permite vivir de manera más auténtica.

Evitar el conflicto y la importancia de dar espacio

Uno de los mayores obstáculos que enfrentamos a la hora de ser asertivos es nuestro temor al conflicto. Muchas veces, en lugar de decir lo que realmente pensamos o sentimos, preferimos evitar la confrontación y tomarnos la situación con pasividad. Esto nos lleva a comportamientos como asentir con la cabeza, decir que sí cuando realmente no estamos de acuerdo, o retraernos y no comunicar lo que necesitamos.

Este patrón de **evitar el conflicto es común**, pero a largo plazo puede resultar perjudicial para nuestras relaciones y nuestra salud emocional. La pasividad no solo nos impide defender lo que queremos, deseamos o necesitamos, sino que también nos priva de la oportunidad de comunicar nuestras emociones de manera saludable. A veces, nos encontramos atrapados en la disonancia entre lo que sentimos y lo que decimos, lo cual genera frustración y resentimiento.

Lo que suele suceder es que, por miedo a herir a los demás o causar incomodidad, nos tragamos nuestras palabras, nos callamos y dejamos que las situaciones nos sobrepasen. Pero, ¿qué pasa cuando nos reprimimos constantemente? El malestar se acumula, se convierte en resentimiento y, eventualmente, explota de una forma que no siempre refleja lo que realmente pensábamos en el momento original. Esto puede generar conflictos aún mayores y alejarnos de nuestras propias necesidades.

El poder de la pausa: Expresar lo que sentimos sin arrepentimientos

Una herramienta que me ha ayudado en estos tiempos modernos del *WhatsApp*, en el entorno laboral, es un truco simple y poderoso: el uso del grabador de voz. Si alguna vez te has sentido tan molesto que las palabras no salían de la forma correcta, y temías que tus emociones dominaran la conversación, utilizar el grabador me ha permitido exteriorizar todo lo que sentía sin miedo a decir algo de lo que luego me arrepentiría.

Cuando enfrentaba una situación en la que no sabía cómo defenderme, pero sentía que necesitaba hablar, simplemente tomaba el celular, activaba el grabador y decía todo lo que me venía a la cabeza. No era un mensaje que tuviera la intención de enviar a nadie, sino solo un desahogo. Decía las palabras más fuertes y sinceras que me salían del corazón, sin filtrar mis emociones. Aunque en ese momento podía parecer una catarsis, nunca enviaba esos audios. Era una manera de liberar lo que sentía para no acumular odio, rabia o molestia. De esta forma, las emociones no se quedaban atrapadas dentro de mí.

Este proceso de desahogo me ayudaba no solo a liberar la tensión emocional, sino también a ver las cosas con más claridad. Después de grabar y escuchar lo que había dicho, me daba cuenta de que, a menudo, muchas de mis reacciones emocionales estaban basadas en interpretaciones erróneas o malentendidos. Lo que inicialmente sentía como una gran injusticia, después de analizarlo en frío, podía percibirlo de una manera más objetiva.

La importancia de tomarse un momento

Sin embargo, hay momentos en los que la mejor forma de ser asertivo es tomarnos un espacio para procesar lo que estamos sintiendo antes de hablar. La emoción, especialmente la rabia o la frustración, puede nublar nuestro juicio y llevarnos a decir cosas que no reflejan nuestras verdaderas intenciones. En estos casos, una buena práctica es pedir un espacio para hablar más tarde.

Por ejemplo, si te encuentras muy molesto o incómodo para expresar tu opinión en el momento, puedes decir algo como:

- "¿Te parece si hablamos mejor en otro momento de esta situación?"
- "Prefiero ahora no responder, porque voy a decir cualquier cosa, de la que posiblemente, me pueda arrepentir."

Tomarse un momento para reflexionar antes de actuar es una de las formas más saludables de practicar la asertividad. Nos permite gestionar nuestras emociones y comunicarnos desde un lugar de calma, lo que incrementa nuestras probabilidades de tener una conversación productiva y respetuosa.

Lo importante es que cuando nos tomamos ese tiempo, nos damos la oportunidad de entender nuestras propias emociones y necesidades. Y, lo más valioso de todo, es que evitamos actuar impulsivamente y podemos enfrentar la situación con una mente más clara, lo que ayuda a que nuestras respuestas sean asertivas, respetuosas y efectivas.

La asertividad no significa ser "duros" o "directos" todo el tiempo. A veces, ser asertivo significa reconocer nuestras emociones, tomar un paso atrás, y encontrar la manera de expresarlas de forma constructiva. Usar herramientas como el grabador de voz o pedir un espacio para hablar después de reflexionar, nos permite gestionar mejor nuestras emociones y evita que digamos algo de lo que luego nos arrepintamos.

La verdadera asertividad surge cuando somos capaces de defender nuestros derechos y exteriorizar nuestras necesidades sin que nuestras emociones desbordadas nos controlen. Tomarnos el tiempo para reflexionar, incluso si es solo para grabar nuestras emociones, es una manera efectiva de garantizar que nuestras palabras reflejan lo que realmente sentimos, de una forma que podamos manejar y comprender.

Ejercicio práctico: Mapeando tu comunicación

La asertividad es una habilidad que se fortalece con la práctica. En este ejercicio, te invito a revisar una situación reciente en la que no hayas sido completamente asertivo. Puede haber sido en el trabajo, con tu pareja, en tu familia o en cualquier otra área de tu vida. La idea es usar las herramientas que hemos aprendido en este capítulo para reflexionar sobre lo que ocurrió, identificar lo que no hiciste de manera asertiva, y encontrar formas de mejorar la comunicación en situaciones similares en el futuro.

Sigue estos pasos para aplicar lo aprendido:

Identifica la situación: Toma una situación reciente en la que no fuiste asertivo. Recuerda que esto no significa que actuaste de manera agresiva, sino que tal vez te callaste cuando debías hablar, o cediste a las demandas de los demás sin declarar lo que realmente querías. La situación podría ser tan simple como no haber expresado tus puntos de vista en una reunión de trabajo o no haber establecido límites claros con un amigo o familiar.

Aplica las preguntas clave:
- **¿Qué creencias me limitan en esta situación?** Pregúntate: ¿Qué creencias tengo sobre mí mismo o sobre la situación que me impidieron ser asertivo? Por ejemplo: "No quiero molestar a nadie", "Si digo lo que realmente pienso, me van a rechazar", o "No soy lo suficientemente importante como para

defender mi punto de vista". Identificar estas creencias es clave porque a menudo nos impiden comunicarnos de forma honesta y efectiva.

- **¿Qué pensamientos internos tengo antes de esta conversación?** ¿Qué pensamientos o miedos surgen en tu mente antes de tener una charla difícil? Por ejemplo: "¿Y si me malinterpretan?", "¿Y si me critican?", o "¿Qué pasa si me siento incómodo?" Estos pensamientos pueden estar alimentando tu inseguridad y bloqueando la asertividad.

- **¿Qué necesidad o deseo no estoy expresando?** Reflexiona sobre lo que realmente querías decir en esa situación, pero no lo hiciste. ¿Qué necesidad insatisfecha tenías? ¿Qué deseo no pudiste compartir con los demás? Tal vez querías pedir más tiempo para ti, o manifestar que te sentías incómodo con una decisión, pero no lo hiciste para evitar el conflicto.

- **¿Cómo podría exteriorizar mis pensamientos de manera asertiva, sin dañar ni ser dañado?** Aquí entra en juego la práctica. Piensa en cómo podrías haber manejado la situación de manera asertiva. ¿Cómo habrías expresado tu necesidad, deseo o desacuerdo de una manera clara, respetuosa y firme, sin que la otra persona se sintiera atacada o ignorada, pero al mismo tiempo defendiendo tus propios derechos?

Escribe un diálogo simulado:
A continuación, escribe un diálogo simulado de cómo habrías abordado la situación de manera asertiva, usando las herramientas que hemos aprendido. Imagina que estás en la misma situación, pero ahora aplicas la asertividad. Ejemplo:

Situación original: Estás en una reunión de trabajo y no estás de acuerdo con una propuesta, pero decides quedarte callado porque no quieres causar conflicto.

Diálogo asertivo simulado:
Tú: "Gracias por la propuesta, pero me gustaría compartir una preocupación que tengo. Creo que si seguimos por este camino, podría haber algunos problemas a largo plazo, especialmente en términos de plazos. Mi sugerencia sería revisar más a fondo este punto para asegurarnos de que no enfrentemos imprevistos en el futuro, ¿qué opinan los demás?"

Observa cómo en este diálogo no solo se está defendiendo tu opinión, sino que también se está respetando el espacio para que otros participen. Esto es un ejemplo de asertividad: decir lo que piensas de manera respetuosa y sin miedo, pero también con disposición al diálogo.

La transformación a través de la palabra
La asertividad es más que una habilidad de comunicación; es una puerta hacia una vida más auténtica, libre de miedos y llena de posibilidades. Como hemos visto hasta ahora, transformarnos requiere de un proceso de autoconocimiento, cuestionamiento de creencias limitantes y una actitud abierta al cambio.

La próxima vez que te enfrentes a una situación en la que necesites defender tus derechos, recuerda que ser asertivo es un acto de valentía. Te permite no solo ser fiel a ti mismo, sino también construir relaciones más sanas y respetuosas.

Aprender a expresar lo que realmente pensamos, sentimos y necesitamos es mucho más que una herramienta de comunicación; es un acto de valentía y respeto hacia uno mismo. Cada vez que eliges hablar desde tu verdad, estás reafirmando tu derecho a existir plenamente, sin disculpas ni máscaras.

Pero expresar lo que llevamos dentro no solo transforma nuestras relaciones, también tiene un impacto profundo en cómo nos presentamos al mundo. La forma en que comunicamos nuestras ideas y emociones está íntimamente ligada a nuestra actitud y a la energía que proyectamos. Es un reflejo de cómo nos sentimos con nosotros mismos y de cómo queremos ser percibidos.

En el próximo capítulo, exploraremos la influencia de nuestra actitud, ese "sombrero rosa" que elegimos portar a diario. Porque aunque las palabras tienen poder, la actitud con la que las respaldamos es lo que realmente define el impacto que tienen en nuestra vida y en la de los demás.

HAY QUE SALIR DEL BAR

CAPÍTULO 8:
CÓMO PORTASTU SOMBRERO ROSA

¿Qué define realmente nuestra actitud ante la vida? ¿Es la confianza algo con lo que nacemos o algo que construimos? A veces, las metáforas más simples encierran las verdades más profundas sobre quiénes somos y cómo enfrentamos el mundo. La historia del sombrero rosa es una de ellas, una metáfora que nos invita a reflexionar sobre nuestra autenticidad y coraje de ser quienes somos.

Tu actitud es tu carta de presentación. Es la forma en que eliges mostrarte ante el mundo, incluso en los días más desafiantes. A través de este capítulo, descubrirás cómo tu "sombrero rosa" puede convertirse en una herramienta poderosa para transformar tus relaciones, tus resultados y, sobre todo, tu perspectiva sobre lo que es posible.

Todo comenzó en una conversación de almuerzo. El bullicio del bulevar servía de telón de fondo mientras un señor de unos 60 años tocaba su guitarra cerca de nuestra mesa. No era una interpretación perfecta, ni siquiera tenía letra musical, pero había algo magnético en su actuación. El ritmo, aunque peculiar, resultaba extrañamente cautivador, recordando el pegajoso ritmo del *Work Work* de Rihanna.

Fue entonces cuando nuestro director, rompiendo el silencio hambriento del grupo, soltó una frase que cambiaría mi perspectiva: "Hay gente que sabe portar su sombrero rosa". En ese momento, la imagen mental de caminar por la calle con un *sombrero rosa* se convirtió en una poderosa metáfora sobre la actitud ante la vida.

La valentía de ser auténtico
¿Te imaginas caminando con un sombrero rosa por la calle? Esta simple pregunta nos enfrenta directamente con nuestros miedos y limitaciones autoimpuestas. No se trata

del color ni del accesorio en sí, sino de la disposición a ser auténticamente quienes somos, sin disculpas ni justificaciones.

"Un sombrero puede cambiar la personalidad de quien lo usa, permite que uno sobresalga y hasta camine de manera diferente", afirma Philip Treacy, reconocido diseñador de sombreros. Esta mirada va más allá de la moda -es una reflexión profunda sobre cómo la actitud y confianza pueden transformar nuestra presencia en el mundo.

El arte de la autenticidad
Pensemos en La Tigresa del Oriente. Físicamente, está en las antípodas de Jennifer López, pero comparten algo fundamental: una actitud inquebrantable. Mientras algunos se dedican a criticar a "La Reina de YouTube", ella sigue sumando ceros a su cuenta bancaria. Sus críticos podrían decir que hace el ridículo, que se burlan de ella. Pero la pregunta es: ¿Crees que ella no es consciente de esto?

La vi una vez en "Bailando por un Sueño", un programa argentino conducido por Marcelo Tinelli. Cuando la pusieron en aprietos pidiéndole que cantara "Despacito" de Luis Fonsi, no solo lo hizo sin rehusarse, sino que se rio de sí misma. Esta capacidad de abrazar quién eres, incluso cuando otros podrían burlarse, es la verdadera esencia de portar el sombrero rosa.

El lenguaje silencioso de la actitud
La RAE define la actitud como la manera de estar alguien dispuesto a comportarse, combinada con una postura corporal que revela un estado de ánimo. Esta definición nos revela algo crucial: la actitud no es solo mental, es también física. Se manifiesta en cómo nos paramos, cómo caminamos, cómo ocupamos nuestro espacio en el mundo.

Daniel Goleman, en su trabajo sobre Inteligencia Emocional, señala que no nos enseñan a gestionar nuestras emociones. Los primeros cinco años de vida son cruciales en el desarrollo de nuestro carácter y, por ende, de nuestra actitud. La forma en que "portamos nuestro sombrero" está intrínsecamente conectada con nuestras emociones y cómo las manejamos.

Los espacios donde portamos el sombrero
Cada espacio en nuestra vida requiere una forma particular de portar nuestro sombrero rosa. A veces nos encontramos en entornos familiares que nos hacen sentir pequeños, en trabajos que nos limitan, o en relaciones que nos hacen dudar de nuestra valía. La clave no está en cambiar el sombrero, sino en aprender a portarlo en cada contexto.

En mi experiencia personal, descubrí que los espacios que más me desafiaban eran precisamente donde más necesitaba mantener mi autenticidad. Como aquel restaurante donde trabajaba, que aunque me proveía seguridad económica, se sentía como un espacio demasiado conocido, demasiado cómodo. La verdadera transformación comenzó cuando me permití imaginar otros espacios, otros escenarios donde mi *sombrero rosa* podría brillar de manera diferente.

Cada nuevo espacio que ocupamos nos desafía a mantener nuestra esencia. Ya sea en una entrevista de trabajo, en una primera cita, o en una reunión importante, la tentación de quitarnos el sombrero rosa - de esconder nuestra autenticidad - puede ser fuerte. Sin embargo, son precisamente estos momentos los que definen nuestra capacidad de mantenernos fieles a quienes somos.

El poder de la presencia consciente

Esta comprensión del lenguaje corporal y la actitud se volvió relevante en aquella entrevista de trabajo para la Agencia de Marketing, para la cual meses previos estuve proclamando un puesto de asistente sin saberlo. Recuerdo vívidamente cómo, subiendo en el ascensor en aquel antiguo edificio en la que se hallaría mi primera oficina, mirándome en el espejo, elevaba el mentón y erguía mi cuerpo adoptando una postura de superhéroe. Respiraba suavemente, visualizándome de mantener una sonrisa genuina al estrechar la mano del entrevistador, viéndole a los ojos y dirigiéndome a él por su nombre.

Este ejercicio es muy reconocido y empleado para cambiar nuestro estado de ánimo e influenciar en nuestra fisiología del comportamiento, Tonny Robbins también habla de esto y de cómo puede transformar nuestra vida si empezáramos a dialogar mejor con nuestro cuerpo y nuestra mente.

El arte de venderse a uno mismo

Después de innumerables talleres sobre cómo armar un currículum y enfrentar entrevistas laborales, llegué a una conclusión en la que me atrevo a decir, que el currículum representa apenas un 5% de las posibilidades de contratación o incluso un porcentaje nulo. El resto o todo, es cómo te vendes, cómo te presentas, cómo portas tu propio sombrero.

Cuando buscas pareja y conoces gente, estás en minutos de venta. Te vendes con cada anécdota, gesto y comentario: todo está implícito. Saber qué decir y qué no decir determina la concepción positiva o negativa que hará de ti la contraparte. Sé consciente tus palabras, tus fortalezas y lenguaje comportamiento para obtener mejores resultados. ¿O a poco te parece atractivo alguien negativo o víctima y que refleja inseguridades? Si coincides conmigo, probablemente te gustaría tenerlos lejos.

La transformación consciente

El verdadero cambio comienza cuando transformamos el "no quiero hacerlo" en "aprovechemos la oportunidad y probemos", y el "no me gusta" en "¿qué puedo aprender de esto para que me guste?". No se trata de forzarnos a que todo nos agrade, sino de mantener una actitud de aprendizaje y crecimiento constante.

Como dice Jósean Log, músico y compositor Mexicano: "Está bien estar triste, está bien no tener ganas, está bien estar cansado. Tendremos que aprender a querernos aunque no seamos esas máquinas productivas que quisiéramos ser. Tendremos que aprender a abrazar nuestros ciclos, a amar nuestros ciclos, a amarnos completos."

Los momentos decisivos

En esa ocasión particular, cuando escuché el temido "cualquier cosa te llamamos", en aquella entrevista para el puesto del marketing, supe que no me había vendido lo suficiente. Pero en lugar de aceptar la derrota, algo dentro de mí se activó. "Di lo que sabes hacer", me dije, "enfócate en las habilidades que tienes para ofrecer". Ese cambio de actitud transformó el "cualquier cosa te llamamos" en "la semana que viene te llamaremos para la prueba". Y así fue - obtuve el puesto, no el de Community Manager para el cual había postulado, sino el de asistente por demostrar cualidades y experiencias relevantes para el puesto. Y por supuesto, todo lo preparé para que ese momento fuera un éxito, imaginando el resultado deseado.

Reconociendo nuestros patrones

Para portar eficazmente nuestro sombrero rosa, necesitamos:

1. **Entender nuestras reacciones**
   - Identificar nuestros miedos automáticos
   - Reconocer nuestros patrones de comportamiento
   - Observar cómo respondemos ante los desafíos

2. **Gestionar nuestras emociones**
   - Aprender a respirar en momentos de tensión
   - Desarrollar técnicas de autorregulación
   - Cultivar la calma en situaciones difíciles

3. **Construir nuestra presencia**
   - Trabajar en nuestra postura física

- Practicar el contacto visual consciente
- Desarrollar un lenguaje corporal asertivo

El equipaje necesario para portar el sombrero

Para portar el sombrero rosa con confianza, necesitamos revisar qué llevamos con nosotros. ¿Qué creencias nos limitan? ¿Qué experiencias pasadas nos pesan? ¿Qué narrativas nos contamos sobre quiénes somos y qué merecemos?

A veces, nuestro equipaje está tan lleno de dudas y miedos que apenas podemos levantar la cabeza para mostrar nuestro sombrero. Otras veces, cargamos con expectativas ajenas que nos impiden brillar con luz propia. La clave está en hacer un inventario consciente:

1. **Creencias que nutren vs. creencias que limitan**
   - ¿Qué historias te cuentas sobre ti mismo?
   - ¿Qué voces del pasado sigues escuchando?
   - ¿Qué nuevas narrativas necesitas crear?

2. **Experiencias transformadoras**
   - Momentos donde tu autenticidad fue tu mayor fortaleza
   - Situaciones donde el miedo no te detuvo
   - Aprendizajes que cambiaron tu perspectiva

Las preguntas del portador

La ingenio de las preguntas que nos hacemos determina cómo portamos nuestro sombrero. En lugar de "¿qué pensarán de mí?", podríamos preguntarnos "¿qué quiero expresar hoy?". En vez de "¿y si me equivoco?", mejor "¿qué puedo aprender de esta experiencia?"

Algunas preguntas poderosas para el portador del sombrero rosa:
- ¿Qué versión de mí mismo estoy ocultando?
- ¿Qué espacios nuevos me está invitando a explorar la vida?
- ¿Qué conversación necesito tener conmigo mismo para crecer?
- ¿Qué me permitiría ser más auténtico hoy?

Los pilares fundamentales para portar tu sombrero rosa con autenticidad:
- Busca relaciones que nutran tu crecimiento
- Mantén viva la llama de tus anhelos
- Persiste en tus intentos, cada error es una lección

- Identifica y cultiva lo que te energiza
- Persigue tu pasión con determinación inquebrantable
- La creencia en ti mismo precede a cualquier logro
- Transforma los obstáculos en oportunidades
- Hazte inmune al rechazo reprogramando tus creencias

Ejercicio: Diseñando tu sombrero rosa

1. Autoevaluación inicial
- ¿Qué aspectos de ti mismo tiendes a ocultar?
- ¿En qué situaciones te sientes más auténtico?
- ¿Qué te impide mostrarte completamente?

2. Plan de acción
- Identifica una situación donde quieras mostrar más autenticidad
- Define pequeños pasos para comenzar
- Establece recordatorios diarios de tu compromiso con la autenticidad

3. Práctica diaria
- Comienza cada día eligiendo conscientemente tu actitud
- Practica la postura del "sombrero rosa" frente al espejo
- Celebra los momentos de autenticidad, sin importar cuán pequeños sean

La danza entre la comodidad y el crecimiento

Portar el sombrero rosa implica una danza constante entre la comodidad y el crecimiento. A veces preferimos la gratificación instantánea de mezclarnos con la multitud, de no destacar, de no incomodar. Pero el verdadero crecimiento sucede cuando elegimos la autenticidad sobre la comodidad.

Esta danza requiere:
- Reconocer cuando estamos eligiendo la comodidad por miedo
- Identificar las oportunidades de crecimiento disfrazadas de desafíos
- Celebrar los momentos donde elegimos la autenticidad
- Aprender de las veces que nos quitamos el sombrero por miedo

La paradoja es que cuanto más cómodos nos sentimos siendo auténticos, más incómodos nos resulta pretender ser alguien que no somos.

La elección diaria

Portar el sombrero rosa es una decisión que tomamos cada día. No es intentar ser perfectos o de nunca sentir miedo. Se trata de elegir la autenticidad sobre la conformidad, el crecimiento sobre el estancamiento, la verdad personal sobre la aceptación externa.

Como el músico en el bulevar, que tocaba su guitarra sin importarle si su melodía encajaba en los estándares convencionales, cada uno de nosotros tiene la capacidad de crear su propia música, de bailar su propio ritmo, de portar su propio sombrero rosa. La verdadera esencia de portar el sombrero rosa no está en la apariencia externa, sino en la actitud interna que cultivamos. Es ese coraje silencioso que nos permite ser auténticos en un mundo que constantemente nos presiona para conformarnos. Es la decisión consciente de brillar con nuestra propia luz, incluso cuando otros no entienden o apoyan nuestra manera de ser.

Y tú, ¿cómo eliges portar tu sombrero rosa hoy?

La pregunta no es si tienes lo necesario para portarlo - ya lo tienes. La pregunta es si estás dispuesto a abrazar esa parte de ti que anhela brillar con luz propia, sin disculpas ni justificaciones. Porque al final, no se trata del sombrero en sí, sino de la libertad que viene cuando decidimos ser auténticamente quienes somos.

¿Te atreves a lucir tu *sombrero rosa* con orgullo?

HAY QUE SALIR DEL BAR

CAPÍTULO 9:
TU MESA DE POSIBILIDADES

Esta es la historia de la mesa de posibilidades que todos habitamos, y cómo aprendí que los límites que creemos tener son, en su mayoría, líneas imaginarias que nosotros mismos hemos dibujado.

En 2017, mientras compartía una residencia con veinte personas en Buenos Aires, miraba mi espacio reducido de la habitación de seis, y me preguntaba si esto era todo lo que podía esperar de la vida. Tres años más tarde, en un monoambiente. Y tres años después, un departamento más amplio con balcón. La transformación no fue solo física - cada cambio de espacio representaba una expansión de lo que creía posible para mí. Un ejemplo simple pero que transmite la idea del cambio que nos permitimos.

La mesa que creemos que es nuestra
Imagina que vives sobre el tamaño de una mesa. No importa qué dimensiones tenga. Lo importante es reconocer que sobre esa mesa hay límites. Cada persona ocupa un punto particular de su mesa, generalmente en una esquina cómoda y familiar. Pero esa esquina, por conocida que sea, es solo una fracción de las posibilidades que existen.

Lo comprendí profundamente a los dieciséis años, cuando el sistema educativo me asignó, por puntuación, a la carrera de Administración de Empresas. En ese momento, parecía el camino lógico, seguro, predecible. La mesa perfectamente delimitada que la sociedad había diseñado para mí incluía un futuro prometedor: un empleo estable en una prestigiosa empresa con más de una década y media en el mercado, que me garantizaba un puesto como administrador al graduarme.

Sin embargo, el momento decisivo llegó dos años después, en el cuarto semestre. Me encontraba en una clase de cálculo, observando cómo el profesor llenaba dos pizarras acrílicas con una fórmula matemática que parecía comprensible para todos excepto para mí. En ese instante, mientras miraba aquellas ecuaciones que se extendían interminablemente, experimenté una claridad absoluta. No era solo que no entendiera el ejercicio; era una señal de que estaba en la mesa equivocada.

A los dieciocho años, con la mayoría de edad recién cumplida y arrastrando materias de semestres previos, tomé una decisión que para muchos parecía inexplicable: abandonar la carrera de Administración para estudiar Periodismo, lejos de mi pueblo natal, dejando atrás no solo a mi familia sino también mi primer empleo estable.

Más allá de los límites conocidos

Cuando migré a esa ciudad donde estudiaría, mi mesa se expandió de maneras que no podía imaginar. No fue fácil - significó dejar atrás lo conocido, lo seguro. Pero cada paso fuera de la zona de confort expandía el territorio de lo posible.

Las limitaciones autoimpuestas aparecen en múltiples formas: "No puedo darme el gusto de entrar a ese restaurante", "Este barrio no es para gente como yo", "Ese tipo de personas no se fijaría en mí". Son líneas invisibles que trazamos en nuestra mesa, fronteras que nadie más ha establecido excepto nosotros mismos.

Las etiquetas que nos limitan

En mi caso, las etiquetas podrían parecer claras: "Soy marketer", "soy periodista", "soy inmigrante". Cada una de estas maneras de encasillarme podría haberse convertido en una frontera definitiva en mi mesa. Sin embargo, aprendí que eran solo puntos de partida, no destinos finales.

Quizás tu mesa esté limitada por etiquetas diferentes: "Vengo de una familia pobre", "Solo terminé la primaria", "Soy demasiado viejo para estudiar", "Soy ama de casa". Estas etiquetas suelen venir acompañadas de creencias limitantes: "La gente como yo no va a la universidad", "A mi edad ya no puedo cambiar de carrera", "Sin título universitario no llegaré lejos", "Como madre soltera no puedo emprender".

El proceso de expansión

La expansión comienza con pequeños pasos. Mi propia transición de trabajar en cafeterías a mi primer rol en una agencia de marketing no fue un salto inmediato. Cada decisión, desde dejar Administración tras esa reveladora clase de cálculo, hasta emigrar y reinventarme profesionalmente, fue un paso más en la expansión de mi mesa.

No esperé a sentirme completamente preparado - la vida no espera a que estemos listos. La decisión de estudiar Periodismo lejos de mi pueblo, dejando la seguridad de un empleo estable y el apoyo familiar cercano, parecía ilógica para muchos. Pero hay momentos en que la certeza interior supera cualquier lógica externa.

Desfamiliarizándonos de lo conocido

El proceso de expandir nuestra mesa requiere algo más que valor: requiere la disposición a cuestionar lo familiar. Como cuando pasé de compartir una habitación con veinte personas a tener mi propio espacio. Cada cambio representaba no solo una mejora física, sino una expansión de lo que creía posible para mí.

La comodidad de lo conocido es seductora. Es ese espacio donde todo es predecible, donde sabemos exactamente qué esperar. Pero la vida real, la vida que anhelamos, generalmente comienza justo donde termina nuestra comodidad.

Ejercicio: Expandiendo tu mesa

1. Mapeo de tu mesa actual:
- Dibuja los límites actuales de tu mesa
- Identifica las etiquetas que te definen
- Reconoce las fronteras autoimpuestas
- Lista las creencias que limitan tu expansión

2. Identificación de otras mesas
- ¿Qué espacios nuevos te llaman la atención?
- ¿Qué habilidades o experiencias te interesan pero has postergado?
- ¿Qué sueños has etiquetado como "imposibles"?
- ¿Qué mesas has visto en otros que te parecen inalcanzables?

3. Plan de expansión práctico
- Elige un borde de tu mesa para comenzar
- Define un primer paso concreto y alcanzable
- Establece un plazo para dar ese paso
- Identifica los recursos y apoyo que necesitarás

El valor real de la expansión

La verdadera expansión no se trata solo de ocupar más espacio - se trata de transformar quiénes somos y cómo nos vemos a nosotros mismos. Cada vez que cruzamos una frontera autoimpuesta, no solo expandimos nuestra mesa de posibilidad, sino también nuestra concepción de lo posible.

Mi propia experiencia de pasar de decirme "No me veo con un jefe" a comprender que buscaba un líder me enseñó algo fundamental: cada vez que expandimos nuestras creencias sobre lo que es posible, nuestra mesa de oportunidades se multiplica exponencialmente. No se trataba solo de cambiar de trabajo - era sobre transformar la narrativa que me había estado limitando. La verdadera expansión llegó con una revelación simple pero poderosa: si buscaba un líder, podía comenzar por convertirme en uno, aunque esto implicara una gran responsabilidad y compromiso conmigo mismo.

Esta transformación de creencias tiene un impacto directo en nuestra realidad física. Como cuando pasamos de creer que solo merecemos espacios limitados a permitirnos explorar nuevos territorios, o cuando dejamos de conformarnos con roles que nos quedan pequeños para aventurarnos en desafíos más grandes. La expansión comienza en la mente, pero inevitablemente se materializa en nuestro mundo exterior.

Es fácil convencernos de que el pequeño espacio que ocupamos es todo lo que merecemos. Sin embargo, dentro de cada uno existe ese fuego interior, esa inquietud que nos impulsa a cuestionar, a explorar, a expandir. Es la voz que nos recuerda que siempre hay más allá de lo que podemos ver ahora.

La mesa actual que ocupas no es tu destino final. Es simplemente el territorio que conoces ahora. Más allá de sus bordes hay otras mesas, otras posibilidades, otros horizontes esperando ser explorados. No se trata de abandonar quien eres, sino de permitirte ser más de lo que has imaginado posible.

La pregunta no es si existen otras mesas - sabemos que las hay. La pregunta es: ¿qué nuevo territorio estás listo para reclamar? Y más importante aún: ¿cómo definirás el éxito en ese nuevo espacio que te atreves a ocupar?

HAY QUE SALIR DEL BAR

CAPÍTULO 10:
DEFINE TUS MÉTRICAS DE ÉXITO

Nos han enseñado que el éxito tiene una forma definida: trabajar duro, seguir ciertas reglas, levantarse temprano y hacer sacrificios. Pero la realidad es que el éxito no es una fórmula que funcione para todos. El éxito es flexible, y solo tú puedes definir lo que significa para ti.

¿Alguna vez te has preguntado por qué a veces te sientes insatisfecho incluso después de alcanzar lo que otros considerarían un éxito rotundo? ¿O por qué algunos logros que la sociedad celebra no te llenan completamente? Quizás es momento de cuestionar no solo qué es el éxito, sino quién define tus métricas para medirlo.

La trampa de las métricas prestadas
Nos han enseñado que el éxito tiene una forma definida: levantarse temprano, trabajar incansablemente, hacer sacrificios constantes. Como si existiera una fórmula universal que funcionara para todos. Seguimos estas reglas casi religiosamente: el club de las 5 AM, las rutinas matutinas estrictas, los hábitos de los millonarios. Pero la realidad es más compleja y, afortunadamente, más flexible de lo que nos han hecho creer.

Al igual que con ese trabajo cómodo pero insatisfactorio del que hablamos en capítulos anteriores, a veces nos aferramos a métricas de éxito que no nos pertenecen. Las cargamos en nuestro contenedor personal como verdades absolutas, sin cuestionarlas, sin preguntarnos si realmente resuenan con quienes somos.

Los puntos ciegos en nuestras métricas
Pensemos en Warren Buffett, uno de los inversores estadounidenses más exitosos. ¿Sabías que desayuna todos los días en *McDonald's?*, según los medios: "tiene una tarjeta que le permite comer gratis en cualquier *McDonald's* de Omaha de por vida" Para algunos, esto podría parecer incongruente con su nivel de éxito y riqueza. Sin embargo,

para él, poder mantener esta simple rutina podría concluir que se trata de su *métrica personal de éxito*. ¿Es así? No estoy seguro, sin embargo, creo que para comer 3 veces al día, es prueba viva de que le gusta y disfruta, porque sabemos que podría ir a otros lugares sin inconveniente.

En lo particular, algunas de mis métricas más valoradas podrían parecer insignificantes para otros, pero a diferencia de Buffett no me gusta *McDonal's*, sino:

- Disfrutar de una taza de café colado en casa sin prisas
- Tener la libertad de estructurar mi día según mi energía
- Poder elegir mis horarios de trabajo
- Mantener mi paz mental como prioridad

Estas son las métricas invisibles del éxito, las que raramente aparecen en los libros de autoayuda pero que definen nuestra satisfacción real.

De la gratificación inmediata al éxito auténtico

Una de las trampas más comunes es creer que existe un horario "correcto" para el éxito. El famoso "Club de las 5 AM" se ha convertido en un estándar casi religioso para muchos. Sin embargo, ¿qué pasa si tu creatividad florece a medianoche? ¿Si tus mejores ideas surgen cuando otros están preparándose para dormir?

He descubierto que no pertenezco al club de las 5 AM, y eso está perfectamente bien. Mientras otros se preparan para dormir, yo podría estar escribiendo una nueva idea o aprendiendo algo nuevo. La clave no está en seguir el horario que otros consideran "correcto", sino en encontrar tu propio ritmo de productividad y éxito.

El diálogo interno del éxito

Las conversaciones más importantes sobre el éxito son las que tenemos con nosotros mismos. Cuando nos decimos:

- "Debería estar más avanzado a esta edad"
- "Los demás están logrando más que yo"
- "No estoy siendo lo suficientemente productivo"

Estamos utilizando métricas que quizás ni siquiera son nuestras. Es crucial transformar este diálogo interno y empezar a hacernos preguntas diferentes:

- ¿Qué significa realmente el éxito para mí?

- ¿Estoy midiendo lo que verdaderamente valoro?
- ¿Estas métricas me acercan a la vida que deseo vivir?

Las métricas por áreas de vida
Cuando empezamos a definir nuestras propias métricas de éxito, es útil examinarlas por áreas específicas. En mi experiencia personal, estas son algunas de las métricas que he descubierto que realmente importan:

1. Libertad temporal
- La capacidad de despertar naturalmente, sin alarmas
- Flexibilidad para estructurar mi día según mi energía
- Poder dedicar tiempo a actividades que nutren mi creatividad
- No tener que pedir permiso para tomar un día libre o vacaciones a nadie.

2. Bienestar emocional
- Paz mental como prioridad absoluta
- Momentos de silencio y reflexión
- La capacidad de decir "no" sin culpa
- Espacio para procesar emociones sin prisas

3. Relaciones significativas
- Conexiones que enriquecen mutuamente
- Tiempo de calidad con personas que valoro
- Vínculos basados en autenticidad
- Relaciones que celebran el crecimiento mutuo

4. Autonomía profesional
- Libertad para establecer mis tarifas
- Elegir los proyectos que me apasionan
- Trabajar con clientes que respetan mi valor
- Capacidad de innovar y experimentar

5. Calidad de vida
- Poder elegir dónde y qué comer
- Visitar lugares que me interesan
- Invertir en experiencias que me enriquecen
- Tomar decisiones basadas en deseos y objetivos claros, no solo necesidades

Expandiendo la mesa de posibilidades

Así como hemos aprendido a expandir nuestra mesa de posibilidades en otros aspectos de la vida, definir nuestras propias métricas de éxito requiere el mismo tipo de valentía. Es atrevernos a crear nuevos espacios, nuevas formas de medir nuestro progreso que quizás otros no entiendan.

Cuando decidí que mi éxito se mediría por mi capacidad de mantener mi paz mental en lugar de por la cantidad de horas trabajadas, muchos lo vieron como una decisión extraña. Sin embargo, esta métrica ha transformado completamente mi relación con el trabajo y con la vida misma.

La asertividad en nuestras métricas

Defender nuestras propias métricas de éxito requiere asertividad. No es fácil decir "no" a un proyecto bien pagado, porque interfiere con tu tiempo de descanso, o explicar por qué prefieres un trabajo con horario flexible sobre uno con mejor salario y rígido.

En mi experiencia personal, esta asertividad se desarrolla gradualmente:

- Primero, reconociendo nuestras verdaderas prioridades
- Luego, comunicándolas claramente a otros
- Finalmente, manteniéndolas incluso cuando enfrentamos resistencia

Ejercicios prácticos

1. Inventario de métricas actuales
- Toma una hoja y divide tu vida en áreas principales
- Para cada área, lista las métricas que actualmente usas para medir el éxito
- Marca cuáles de estas métricas realmente resuenan contigo y cuáles son prestadas

2. Cuestionamiento profundo
Hazte estas preguntas para cada métrica:
- ¿Esta métrica me hace feliz o solo impresiona a otros?
- ¿La elegí yo o la heredé?
- ¿Me acerca a la vida que quiero vivir?
- ¿Refleja mis valores más profundos?

3. Plan de implementación
- Identifica una métrica tradicional que quieras cambiar

- Define tu nueva métrica personal
- Establece pequeños pasos para hacer la transición
- Determina cómo comunicarás este cambio a otros

Las métricas invisibles del éxito

Hay métricas que raramente aparecen en las conversaciones sobre éxito, pero que pueden ser profundamente significativas:

- **La calidad del silencio:** ¿Puedes disfrutar de momentos de tranquilidad sin sentirte culpable por "no estar siendo productivo"?
- **La libertad de elección:** ¿Puedes tomar decisiones basadas en tus deseos genuinos en lugar de expectativas externas?
- **La autenticidad en relaciones:** ¿Puedes ser tú mismo en tus interacciones profesionales y personales?
- **La paz mental:** ¿Puedes dormir tranquilo sabiendo que tus decisiones están alineadas con tus valores?

El éxito como experiencia personal

El verdadero éxito es una experiencia profundamente personal y en constante evolución. Como me gusta decir: "Mis palabras tienen vigencia". Esta simple pero poderosa declaración representa mi derecho a cambiar de opinión, a evolucionar, a transformarme.

Así como un actor puede encarnar diferentes papeles sin perder su esencia, nosotros también podemos transformarnos en versiones más expansivas de nosotros mismos. No se trata de fingir, sino de reconocer que cada meta significativa requiere una versión actualizada de quien somos hoy. Si aspiramos a dirigir una empresa con cien empleados, por ejemplo, necesitamos desarrollar nuevos hábitos, conocimientos, habilidades e incluso círculos de relaciones diferentes a los que tenemos ahora.

Nuestras métricas de éxito evolucionan con nosotros porque nosotros mismos estamos en constante transformación. A medida que descubrimos nuestros puntos ciegos y superamos creencias limitantes, se revelan posibilidades que antes ni siquiera podíamos imaginar. Lo importante no es encontrar las métricas "correctas", sino las que resuenan con quien estás siendo ahora y con quien aspiras a convertirte.

Para llevar contigo:
- El éxito es personal y flexible
- Tus métricas pueden y deben evolucionar

- La autenticidad es más importante que la aprobación
- El verdadero éxito se siente, no solo se mide
- Las mejores métricas son las que resuenan con tus valores
- No hay una fórmula única para el éxito
- Tu paz mental es una métrica válida de éxito

Tu éxito, tus reglas
Definir tus propias métricas de éxito es un acto de valentía y autenticidad. Es decir "esto es lo que significa el éxito para mí" en un mundo que constantemente intenta imponernos sus definiciones. Es reconocer que, así como cada persona es única, cada definición de éxito también lo es.

La pregunta ya no es "¿Estoy cumpliendo con los estándares de éxito de otros?" sino "¿Estoy viviendo según mis propias métricas de una vida significativa?" Esta redefinición requiere algo más que coraje - demanda una profunda aceptación de quiénes somos y una inquebrantable confianza en nuestro criterio.

¿Qué métricas estás dispuesto a redefinir hoy? Y más importante aún, ¿estás listo para defender esas métricas con la convicción de quien se acepta y confía plenamente en sí mismo?

HAY QUE SALIR DEL BAR

CAPÍTULO 11:
ACÉPTATE DE UNA VEZ POR TODAS Y GANA AUTOCONFIANZA

A menudo buscamos la validación de los demás para sentirnos bien con nosotros mismos. Pero la realidad es que nadie puede darte esa validación de forma permanente. Solo tú puedes darte lo que realmente necesitas: aceptación y afirmación de tu propio valor.

El espejo interior

¿Cuántas veces has permitido que el miedo a lo desconocido te mantenga en situaciones que no te hacen feliz? ¿Cuántas decisiones has tomado basándote en lo que otros esperan de ti, en lugar de escuchar tu voz interior? La verdadera autoconfianza no nace de la validación externa, sino del coraje de escucharte a ti mismo cuando todos los demás te dicen lo contrario.

El coraje de escucharte

Durante mucho tiempo, la sociedad nos ha enseñado a buscar aprobación externa, a validar nuestras decisiones a través de los ojos de otros. Buscamos esa validación porque, de alguna forma, creemos que otros saben mejor que nosotros lo que nos conviene. Pero la realidad es que nadie conoce mejor que tú mismo lo que necesitas para crecer. Y sí, quizás estés pensando que aún no te conoces lo suficiente o que no tienes claridad sobre lo que realmente quieres.

Puedes comenzar desde ya: realizando *test* de personalidad, haz tu propio análisis profundo e incluso pregunta a otros sobre los aspectos o talentos que reconocen en ti para contrastar la imagen que tienes de ti mismo. Solo no le creas demasiado. Observa con atención y filtra bien.. Este proceso te ayudará a trabajar con tus puntos ciegos y descubrir tu verdadera voz. Muchas veces tenemos talentos y habilidades únicas que subestimamos, porque estamos tan concentrados en lo que hacemos mal que descuidamos observar lo que hacemos bien.

La verdad es que ya tienes más recursos de los que imaginas. Incluso en tus rutinas más cotidianas se esconden fortalezas valiosas: la disciplina de levantarte cada día, la constancia de mantener tus compromisos, la resiliencia para enfrentar desafíos, la creatividad para resolver problemas. Como las madres, que encuentran formas ingeniosas de resolver situaciones aparentemente imposibles - esa creatividad y determinación son dones que muchas veces damos por sentado. Tus hábitos actuales, con pequeños ajustes conscientes, pueden ser la base para descubrir y monetizar tus talentos únicos, esos que solo tú puedes ofrecer al mundo.

La sincronía de las señales
Las señales están por todas partes, solo necesitamos estar atentos para verlas. A veces, el rechazo de una idea puede ser el indicio más claro de que estamos en el camino correcto. Otras veces, la gente ve en nosotros algo que ya sabemos que tenemos, pero que no nos atrevemos a reconocer plenamente.

En palabras de Carl Jung, Psiquiatra y Psicólogo suizo, estas sincronicidades no son meras coincidencias, sino eventos significativamente relacionados que nos guían hacia nuestro verdadero camino. La vida está constantemente enviándonos mensajes sobre nuestro potencial; la clave está en aprender a reconocerlos y, más importante aún, en tener el coraje de actuar en consecuencia.

Cuando la mayoría no tiene razón
A lo largo de este libro, he compartido varias experiencias personales que han marcado mi camino de transformación. Pero hay una herramienta en particular que ha revolucionado mi forma de tomar decisiones y construir mi autoconfianza. La descubrí en mis primeros días en Buenos Aires, en un momento donde todo parecía incierto.

Con menos de dos meses en la ciudad, me enfrenté a una decisión que parecía simple en la superficie, pero que escondía una lección profunda sobre la autoconfianza. Me encontraba en una disyuntiva: ¿debía atender mis propias necesidades y bienestar emocional o complacer a mi familia, especialmente a mi hermano que cubría mis gastos en ese momento?

Había conseguido un trabajo como lavaplatos. Para mi hermano, era una excelente noticia - representaba estabilidad, un ingreso seguro, remesas garantizadas. Pero para mí... el primer día fue una revelación devastadora. Pasé casi ocho horas de pie, lavando interminables torres de platos, de espalda a un horno inmenso, entre la humedad y la insalubridad. Cuando terminó mi turno, ni siquiera podía sentir mi propio cuerpo. Y lo que más me desmoralizó fue darme cuenta de que, a pesar de todo el esfuerzo, la torre de platos parecía no tener fin, un ciclo interminable que hoy fácilmente podría realizar una máquina.

Lo más revelador de esta situación fue darme cuenta de cómo nos convertimos en extensiones mecánicas de un sistema que nos deshumaniza. El cuerpo adolorido, los músculos tensos, la espalda quemándose contra el calor del horno, y aun así, la presión constante por seguir. "¿Puedes ayudar con estas cajas?" "¿Podrías quedarte un poco más?" Peticiones que suenan a consultas pero son órdenes disfrazadas, donde tu "no" te convierte instantáneamente en el problemático, el poco colaborador, el que "no es parte del equipo".

¿Te suena familiar? Quizás ahora mismo estés en un trabajo donde tus límites son vistos como obstáculos, donde cuidar de tu salud es interpretado como falta de compromiso. Donde cada día cruzas un poco más la línea de lo que estás dispuesto a tolerar, ignorando el dolor en tus articulaciones, las horas de sueño perdidas, el agotamiento mental que te persigue hasta casa. Y lo peor es que nos convencemos de que así debe ser, que es "normal", que todos pasan por esto.

Esa noche tuve una epifanía que me atravesó el alma. Mi madre llevaba años trabajando como cocinera, y en solo un día, experimenté en carne propia lo desafiante de su realidad. Cuando se lo conté a mi hermano, esperando comprensión y tal vez permiso para buscar algo diferente, solo recibí risas y la situación fue ignorada. Mi frustración era inmensa.

Pero el universo, como suele suceder, tenía otros planes. Poco antes de conseguir el puesto de lavaplatos, había recibido una llamada para una entrevista como cafetero en un restaurante en Núñez - el mismo que mencioné en el capítulo sobre "Salir del Bar". La emoción me embargó; incluso sin experiencia, algo dentro de mí sabía que ese era mi lugar.

Y aquí es donde nace la herramienta que quiero compartirte: en vez de decidir solo, reuní a mis compañeros de pensión, todos estudiantes más jóvenes que yo, y les planteé mi dilema: ¿qué harían ellos? ¿Mantendrían el trabajo seguro como lavaplatos o renunciarían para ir a una entrevista sin garantías?

La respuesta fue unánime: todos, sin excepción, eligieron la seguridad del trabajo conocido. Y fue en ese preciso momento cuando descubrí algo crucial: a veces, la mejor decisión es hacer exactamente lo contrario de lo que la mayoría elegiría.

La herramienta en práctica
Esta herramienta es simple pero poderosa:
- Identifica una decisión importante que debas tomar
- Pregunta a varias personas qué harían en tu situación
- Observa si hay un consenso en las respuestas
- Si la mayoría elige el camino "seguro", considera tomar la dirección opuesta

¿Por qué funciona? Porque la mayoría tiende a elegir basándose en el miedo y la necesidad de seguridad, no en el potencial de crecimiento. Cuando todos eligen el camino seguro, generalmente hay una oportunidad oculta en la dirección contraria.

En mi caso, renuncié al trabajo de lavaplatos y fui a la entrevista para cafetero. El resultado: obtuve el puesto inmediatamente. Este no fue solo mi primer trabajo como cafetero; fue mi primera lección real sobre el poder de confiar en mi intuición cuando todos los demás eligen el camino seguro.

Cómo implementar esta herramienta

1. Identifica tus momentos de decisión
- ¿Qué situaciones te generan conflicto entre seguridad y crecimiento?
- ¿Dónde sientes que estás eligiendo basado en las expectativas de otros?
- ¿Qué decisiones postergas por miedo?

2. Escucha todas las voces
- Consulta con otros, pero no para seguir su consejo
- Observa patrones en las respuestas
- Identifica si las respuestas vienen del miedo o la sabiduría

3. Confía en tu voz interior
- Si todos eligen el camino seguro, pregúntate por qué
- Evalúa qué te dice tu intuición y las pruebas que ya tienes
- Considera si el miedo colectivo está nublando una oportunidad

Esta herramienta no garantiza el éxito, pero te aseguro que cada vez que la he usado, me ha llevado a decisiones que han transformado mi vida de maneras que nunca hubiera imaginado siguiendo el camino "seguro".

La psicología del camino contrario

¿Por qué funciona elegir el camino opuesto a la mayoría? La respuesta se encuentra en varios principios psicológicos fundamentales que vale la pena explorar.

El instinto de manada y sus limitaciones

Los seres humanos estamos programados evolutivamente para seguir al grupo. Este "instinto de manada", como lo llaman los psicólogos sociales, fue crucial para nuestra supervivencia como especie. Seguir al grupo significaba seguridad, protección y acceso a recursos. Sin embargo, en el mundo actual, este mismo instinto puede convertirse en una trampa que nos mantiene en nuestra zona de confort.

El psicólogo Solomon Asch demostró en sus famosos experimentos de conformidad que las personas frecuentemente se ajustan a las opiniones del grupo, incluso cuando saben que están equivocadas. Este fenómeno, conocido como "conformidad social", explica por qué mis compañeros de pensión eligieron unánimemente el camino seguro: no estaban evaluando realmente las opciones, estaban respondiendo a un impulso profundamente arraigado de no destacar, de no arriesgarse.

El sesgo del *status quo*

Existe otro fenómeno psicológico llamado "sesgo del status quo", que nos hace preferir que las cosas permanezcan como están. Este sesgo es particularmente fuerte cuando enfrentamos decisiones bajo presión o incertidumbre. Como vimos en el capítulo sobre "Salir del Bar", permanecer en lo conocido, aunque sea incómodo, suele parecer más seguro que aventurarse en lo desconocido.

El miedo como brújula invertida

Lo fascinante es que el miedo colectivo puede servir como una brújula invertida hacia las oportunidades más valiosas. Cuando la mayoría evita algo por miedo, generalmente hay menos competencia y más potencial de crecimiento en esa dirección. Como mencionamos en el capítulo sobre "Gratificación Instantánea vs. Crecimiento Real", el verdadero crecimiento casi siempre está del otro lado del miedo.

La paradoja de la sabiduría colectiva

James Surowiecki, en "La Sabiduría de las Multitudes", señala que mientras los grupos pueden ser extraordinariamente sabios en ciertas condiciones, fallan consistentemente cuando se trata de decisiones que involucran riesgo e innovación. ¿Por qué? Porque el grupo tiende a promediar las opiniones hacia el centro, hacia lo seguro, hacia lo conocido.

La autoconfianza como músculo

Cada vez que elegimos ir contra la corriente, fortalecemos nuestro "músculo" de la autoconfianza. Es similar a lo que exploramos en el capítulo sobre "El Contenedor Personal": cada decisión valiente expande nuestra capacidad para manejar la incertidumbre y el riesgo.

¿Cómo se correlaciona este capítulo con los otros conceptos del libro?

Esta herramienta se entrelaza naturalmente con varios puntos que hemos explorado:

- **La Mesa de Posibilidades**
  Ir contra la corriente nos permite expandir nuestra "mesa", descubriendo espacios y oportunidades que la mayoría ni siquiera considera.

- **El Punto Ciego**
  El consenso del grupo puede ser un punto ciego colectivo. Cuando todos ven en una dirección, las oportunidades suelen estar en la dirección opuesta.

- **Las Preguntas Acertadas**
  En lugar de preguntar "¿qué haría la mayoría?", la herramienta nos invita a preguntar "¿qué oportunidad están todos pasando por alto?"

- **El Diálogo Interno**
  La voz de la mayoría puede ahogan nuestra voz interior. Esta herramienta nos ayuda a reconectar con nuestra intuición y sabiduría personal.

Por qué es especialmente poderosa

Esta herramienta es particularmente efectiva porque:

- **Aprovecha la psicología inversa:** Al observar lo que todos evitan, identificamos oportunidades ocultas.
- **Rompe patrones limitantes:** Nos obliga a cuestionar suposiciones colectivas que podrían estar limitándonos.
- **Desarrolla el pensamiento crítico:** En vez de aceptar la sabiduría convencional, nos impulsa a evaluar situaciones por nosotros mismos.
- **Fortalece la intuición:** Cada vez que la usamos y obtenemos resultados positivos, reforzamos nuestra confianza en nuestro juicio.

La próxima vez que te enfrentes a una decisión importante y sientas el impulso de seguir al rebaño, recuerda: la verdadera oportunidad podría estar precisamente en la dirección que todos evitan. Como ya sabrás, las transformaciones más significativas suelen comenzar cuando nos atrevemos a desafiar la sabiduría convencional y confiar en nuestra voz interior.

Los talentos ocultos en lo cotidiano

Uno de los mayores obstáculos para la autoconfianza es nuestra tendencia a minimizar nuestros talentos naturales. Como señalaba Einstein: "Todo el mundo es un genio. Pero si juzgas a un pez por su capacidad para trepar árboles, vivirá toda su vida pensando que es un estúpido." Nuestros verdaderos talentos suelen estar en aquellas cosas que nos resultan tan naturales que ni siquiera las reconocemos como especiales:

- La capacidad de conectar con otros en momentos difíciles
- La habilidad para ver soluciones donde otros ven problemas
- El don de transmitir calma en situaciones de estrés
- La facilidad para aprender nuevas habilidades

Tu autoconcepto propio en cada área

No tenemos un único concepto de nosotros mismos; somos una colección de percepciones que, juntas, conforman nuestra identidad. Brian Tracy, experto en desarrollo personal, lo explica de manera simple pero poderosa: "El concepto propio que tenemos sobre nosotros mismos establece los límites de lo que creemos posible. Cambiarlo es la llave para transformar nuestras vidas."

En cada área importante de nuestra vida, tenemos un concepto propio que influye en nuestras decisiones, comportamientos y resultados:

- **El concepto de nuestro cuerpo:** ¿Cómo nos vemos físicamente? ¿Cómo nos sentimos respecto a nuestra salud y apariencia?
- **El concepto de nuestras relaciones:** ¿Qué tipo de conexiones creemos merecer? ¿Cómo interactuamos con los demás?
- **El concepto de nuestra familia:** ¿Qué papel jugamos en nuestra familia y cómo definimos nuestras relaciones familiares?
- **El concepto de nuestro trabajo:** ¿Qué tan competentes o valiosos nos sentimos en nuestra vida profesional?
- **El concepto de nuestra autoconfianza:** ¿Qué tanto creemos en nuestras habilidades para enfrentar los desafíos de la vida?
- **El concepto de nuestra imagen:** ¿Qué proyectamos hacia el mundo y cómo nos sentimos respecto a ello?

El autoconcepto es maleable

Como señala la psicóloga Carol Dweck en su investigación sobre la mentalidad de crecimiento, estos autoconceptos no son fijos. Aunque pueden estar profundamente enraizados, tienen la capacidad de evolucionar con el tiempo, el esfuerzo consciente y la exposición a nuevas experiencias. Brian Tracy refuerza esta idea al explicar que cambiar tu concepto propio en un área específica comienza por visualizar quién quieres ser y actuar como si ya fueras esa versión de ti mismo.

Por ejemplo, si crees que "no eres lo suficientemente bueno" en el trabajo, pregúntate:
- ¿De dónde viene esta creencia?
- ¿Qué evidencia puedo reunir que me demuestre lo contrario?
- ¿Qué acciones puedo tomar para redefinir mi percepción en esta área?

Revisar y redefinir tu concepto propio en estas áreas no solo es posible, sino esencial para alcanzar tu máximo potencial. El cambio comienza cuando decides observarte con curiosidad en lugar de juicio, permitiéndote explorar nuevas versiones de ti mismo. Recuerda: el concepto que tienes sobre ti mismo puede ser el mayor aliado o el mayor obstáculo en tu vida. ¿Qué tan dispuesto estás a convertirlo en una herramienta poderosa para tu crecimiento?

La trampa del "Es que..."

Nuestro lenguaje revela mucho sobre nuestras limitaciones autoimpuestas. El "es que" se ha convertido en el prefijo predilecto de nuestras excusas:

- "Es que no tengo experiencia"
- "Es que no es el momento adecuado"
- "Es que otros lo hacen mejor"

Pero como señala la psicoterapeuta mexicana, Nilda Chiaraviglio, en una de las charlas del BBVA, Aprendamos juntos: cada "es que" es una invitación al cambio. Y propone, que cuando escuchemos estas palabras salir de nuestra boca, hay que reconocerlas como señales de que hay algo que podemos y tendríamos que transformar.

Ejercicios prácticos para desarrollar la autoconfianza

1. El desafío de la dirección opuesta
- Identifica situaciones donde la mayoría elegiría el camino "seguro"
- Analiza qué te dice tu voz interior
- Practica tomar decisiones basadas en tu sabiduría interna

- Documenta los resultados de ir contra la corriente

2. Inventario de sincronicidades:
- Lleva un diario de "señales" y coincidencias significativas
- Anota situaciones donde tu intuición te guió correctamente
- Registra momentos donde el "no" de otros te llevó a un mejor "sí"

3. Transformación del diálogo interno
- Lista todos tus "es que" de la última semana
- Conviértelos en "¿Qué pasaría si...?"
- Crea afirmaciones o frases en positivo basadas en tus metas
- Incluya estas afirmaciones o declaraciones a su lenguaje diariamente

La responsabilidad del autocuidado

Como señala la Nilda en su exponencia: "Si está cansado, descanse. Si tiene sueño, duerma. Si tiene hambre, coma." Esta simplicidad aparente esconde una verdad profunda: somos responsables de atender nuestras propias exigencias.
Ya que la autoconfianza comienza con el autocuidado y el autorrespeto.

El coraje de ser tú mismo

La autoconfianza no es la ausencia de dudas, sino la capacidad de avanzar a pesar de ellas. No se trata de no tener miedo, sino de reconocer que tu voz interior puede ser más sabia que el ruido exterior que intenta desviarte de tu camino. Como demuestran las historias de quienes se atreven a confiar en sí mismos, el acto más valiente es escuchar esa voz interna y seguirla, incluso cuando el mundo parece estar en tu contra. La verdadera autoconfianza no radica en cumplir expectativas ajenas, sino en tener la fuerza de hacer lo que sabes que es correcto para ti.

La pregunta que surge no es si tienes lo necesario para avanzar, porque ya lo tienes. La verdadera cuestión es: ¿Qué estás dispuesto a cambiar para convertirte en la persona que estás destinado a ser? Cuando tienes el coraje de ser tú mismo, algo mágico sucede: comienzas a reescribir tu historia desde un lugar de autenticidad. Y esa autenticidad es el terreno fértil para el cambio.

Ahora, ¿qué estás dispuesto a cambiar? Porque el cambio no es solo una posibilidad; es una necesidad para seguir creciendo. En el siguiente capítulo, exploraremos cómo abrazar el cambio como un arte de reinvención continua, una herramienta para expandir tus horizontes y sorprender incluso a quienes creen conocerte. Atrévete a cambiar tanto que te tengan que volver a conocer.

HAY QUE SALIR DEL BAR

CAPÍTULO 12:
CAMBIA TANTO QUE TE TENGAN QUE VOLVER A CONOCER

¿Qué pasaría si te dijera que la versión más auténtica de ti está esperando emerger? No hablo de pequeños ajustes o mejoras graduales. Hablo de una transformación tan profunda que quienes te conocieron antes apenas te reconozcan. Este capítulo es una invitación a la transformación, a atreverte a ser quien realmente estás destinado a ser.

El despertar de la transformación

"Mis palabras tienen vigencia", es una frase que se ha convertido casi en un mantra. Encierra una verdad revolucionaria: tienes el derecho fundamental de, cambiar de parecer, de evolucionar, de tener perspectiva diferente, de transformarte. No es una disculpa ni una justificación - es una afirmación de tu libertad inherente para crecer.

La sociedad nos ha vendido la idea de que debemos mantener una identidad constante, predecible, aceptable. Nos han enseñado que la consistencia significa permanecer iguales, que cambiar es traicionar expectativas. Pero la verdadera traición es hacia nosotros mismos cuando negamos nuestra naturaleza evolutiva.

Rompiendo patrones impuestos

Estamos llenos de fórmulas predeterminadas sobre cómo debemos vivir, trabajar y hasta descansar. Nos dicen que hay un horario "correcto" para ser productivos, una manera "correcta" de construir una carrera, un camino "correcto" hacia el éxito.

Pero la verdadera transformación comienza cuando cuestionamos estos patrones impuestos. No se trata solo de elegir un horario diferente para trabajar o descansar - se trata de atrevernos a crear nuestro propio paradigma de vida, aunque eso signifique que otros no lo entiendan.

El arte de desaprender

Una de las partes más desafiantes de la transformación profunda es desaprender. No solo hábitos o comportamientos, sino desaprender quiénes creemos que somos. Es soltar las etiquetas que nos han puesto y las que nos hemos puesto nosotros mismos.

Cuando decidí que podía ser más que un inmigrante buscando trabajo, más que un periodista intentando reinventarse, más que todas las etiquetas que me definían, comenzó mi verdadera transformación. No fue fácil - significó desafiar no solo las expectativas de otros, sino mis propias creencias limitantes sobre lo que era posible.

Las señales del cambio necesario

A veces la vida nos susurra, otras veces nos grita que es hora de una transformación profunda. Como vimos en el capítulo sobre *El Punto Ciego*, estas señales suelen aparecer cuando:

- La insatisfacción persiste a pesar de logros externos. Es ese vacío que no se llena con reconocimientos ni logros materiales.
- Los patrones se repiten, recordándonos lo que vimos en *El Bar de lo Conocido*. Son esas situaciones que nos mantienen en ciclos de confort pero no de crecimiento.
- Nuestra voz interior grita más fuerte que las expectativas externas, haciendo eco de lo que aprendimos en *Tu Diálogo Interno*.

En otras palabras, quizá algunas de estas situaciones te claman cambio:
- Cuando las respuestas que siempre funcionaron ya no sirven
- Cuando te descubres actuando en piloto automático
- Cuando tus sueños te parecen cada vez más lejanos
- Cuando sientes que estás viviendo la vida de alguien más

El precio de permanecer igual

Recuerdo vívidamente el momento en que entendí el verdadero costo de no cambiar. Estaba en una clase de administración por allá en 2010, rodeado de números y fórmulas que no despertaban ninguna pasión en mí. La "sensatez" dictaba que debía terminar esa carrera, seguir el camino seguro. Pero algo dentro de mí gritaba por una transformación radical.

El verdadero precio de permanecer igual no es solo la mediocridad - es la muerte lenta de nuestros sueños más profundos. Es conformarnos con una versión diluida de quienes podríamos ser.

La resistencia como señal de dirección
Cuando anuncié mi decisión de abandonar la carrera de administración por periodismo, la resistencia fue inmediata. Familia, amigos, incluso profesores - todos tenían una opinión sobre por qué era una "mala decisión". Pero con el tiempo aprendí algo crucial: la resistencia más fuerte suele aparecer justo antes de nuestras transformaciones más significativas. La resistencia no es un muro - es una brújula. Apunta directamente hacia donde más necesitamos crecer.

El camino hacia la transformación
La transformación requiere más que deseo - demanda una revolución interna. Como exploramos en *El Contenedor Personal*, necesitamos primero crear espacio para lo nuevo, vaciándonos de lo que ya no nos sirve.

Este camino implica:
- Desmantelar creencias limitantes que nos mantienen pequeños
- Cultivar una visión clara de quienes queremos ser
- Desarrollar el coraje de decepcionar expectativas ajenas
- Crear nuevos círculos cercanos que apoyen nuestra evolución

No es suficiente querer cambiar; debemos estar dispuestos a convertirnos en personas diferentes.

El arte de la reinvención
La reinvención no es abandonar quien eres - es liberar quien realmente has sido siempre. Como cuando decidí emigrar a Buenos Aires, cada paso fuera de mi zona de confort revelaba capacidades que no sabía que tenía. La transformación verdadera es un acto de arqueología personal: excavamos capas de condicionamiento social para descubrir nuestra esencia auténtica.

El permiso para ser versiones múltiples
Tu identidad no es una prisión - es un lienzo en blanco esperando ser pintado una y otra vez. Cada versión de ti es un paso en tu evolución, no una contradicción. Cuando me permití explorar diferentes facetas de mi identidad - desde periodista hasta marketero, desde empleado hasta emprendedor - descubrí que cada versión añadía profundidad a quien soy, en lugar de restar autenticidad.

La valentía de decepcionar

La transformación, algunas veces radical, inevitablemente decepcionará a algunos. Familiares que esperaban un camino tradicional (casarte, tener hijos), amigos que se sienten amenazados por tu cambio, una sociedad que prefiere que te mantengas "en tu lugar". Pero aquí está la verdad liberadora: decepcionar a otros es el precio de honrar tu verdad. Y es un precio que vale pagar.

Cambiar radicalmente requiere una forma particular de valentía: el coraje de decepcionar las expectativas ajenas. Es la disposición a escuchar "pero tú no eras así" y responder con una sonrisa, sabiendo que esa es precisamente la señal de que estás creciendo. Es la valentía que se necesita para decir "no" a un trabajo bien pagado, porque ya no encaja con quien te estás convirtiendo, o para cambiar completamente de dirección cuando todos esperan que sigas el camino "seguro".

La responsabilidad del cambio consciente

La transformación auténtica requiere un equilibrio delicado entre el coraje de cambiar y la sabiduría de hacerlo conscientemente. Esto significa:

- Mantener nuestra integridad mientras evolucionamos. El cambio no justifica lastimar a otros o abandonar nuestros valores fundamentales.
- Reconocer que nuestras decisiones tienen impacto. Aunque no somos responsables de las reacciones de otros, podemos ser conscientes de cómo comunicamos y manejamos nuestra transformación.
- Cuidar de nuestro bienestar durante el proceso. La transformación requiere energía y recursos; debemos asegurarnos de mantener nuestro equilibrio físico y emocional.

El arte de soltar lo conocido

Una de las partes más desafiantes de la transformación es soltar lo que ya no nos sirve. Esto incluye:
- Relaciones que nos mantienen pequeños
- Hábitos que ya no apoyan nuestro crecimiento
- Creencias que limitan nuestro potencial
- Roles que hemos superado

Este proceso de soltar requiere discernimiento. No todo lo familiar necesita ser abandonado, pero todo merece ser examinado.

La transformación en acción

El cambio profundo requiere más que intención - demanda acción consistente y valiente. Cuando dejé mi carrera en administración para perseguir el periodismo, no fue solo un cambio de profesión - fue una declaración de quién elegía ser.

Este proceso implica:
- Cuestionar cada "así es como siempre se ha hecho"
- Atreverse a imaginar posibilidades más allá de lo conocido
- Convertir las señales de resistencia en guías de crecimiento

Navegando las relaciones durante el cambio

La transformación personal inevitablemente afecta nuestras relaciones. Como vimos en el capítulo sobre asertividad, necesitamos aprender a:
- Comunicar nuestros cambios con claridad y compasión
- Establecer límites saludables
- Mantener nuestra integridad sin dañar a otros

Superando los obstáculos internos

Los mayores obstáculos al cambio suelen ser internos. Utilizando las herramientas de capítulos anteriores:
- Identifica tus puntos ciegos que resisten el cambio
- Transforma tu diálogo interno limitante
- Expande tu contenedor personal para recibir lo nuevo

Manteniendo la transformación sostenible

El cambio verdadero no es un evento - es un estilo de vida. Como aprendimos en "Define tus Métricas de Éxito", necesitamos:
- Crear sistemas que apoyen nuestro crecimiento continuo
- Desarrollar hábitos que refuercen nuestra nueva identidad
- Mantener la visión clara de quién elegimos ser

Ejercicio final: La Carta del compromiso

Toma un momento para escribir tres cartas:
1. A tu yo pasado, agradeciéndole por traerte hasta aquí
2. A tu yo presente, reconociendo tu valentía para cambiar
3. A tu yo futuro, describiendo quién te comprometes a ser

Adicional, te animo a visualizar a *tu yo del futuro*, ese que ya ha atravesado la transformación que anhelas. Pregúntate:
- ¿Qué decisiones valientes tomaste?
- ¿Qué versiones viejas de ti mismo tuviste que soltar?

- ¿Qué te hace sentir más orgulloso de tu cambio?
- ¿Qué consejo le darías a tu yo presente desde ese futuro?

Este ejercicio conecta todas las dimensiones de tu transformación, desde el contenedor personal hasta tu mesa de posibilidades.

Para llevar contigo:

- **Acepta que el cambio será incómodo:** No solo para ti, sino para quienes te rodean. La incomodidad es el precio de la transformación.
- **Identifica lo que ya no te sirve:** No solo hábitos o rutinas, sino creencias, relaciones, incluso sueños que ya no resuenan con quien estás siendo.
- **Crea espacio para lo nuevo:** A veces necesitamos vaciar la copa para poder llenarla con algo diferente.
- **Abraza la incertidumbre:** La transformación requiere dar saltos sin red de seguridad.

El llamado final

Este es tu momento. La versión más auténtica de ti está esperando emerger. Como hemos visto a lo largo de este viaje:

- Tu contenedor está listo para expandirse
- Tu mesa de posibilidades es más amplia de lo que imaginas
- Tu sombrero rosa espera ser portado con orgullo

No necesitas más señales. No necesitas más preparación. Necesitas actuar.
La transformación te llama. ¿Responderás?

Cambiar tanto que te tengan que volver a conocer no es un acto de rebeldía - es un acto de amor propio. Es honrar tu derecho natural a evolucionar, crecer y transformarte. ¿Qué sueños has postergado por mantener una imagen familiar para otros? ¿Qué potencial está esperando ser liberado?

Lo importante: cada vez que eliges tu autenticidad sobre las expectativas ajenas, estás creando un camino no solo para ti, sino para otros que también anhelan la libertad de transformarse. El cambio verdadero comienza cuando te das permiso de ser quien realmente eres, incluso si eso significa que otros tengan que ajustar la imagen que tienen de ti.

¿Estás listo para permitirte esa libertad?

BONUS ESPECIAL
MATA AL QUEJICA QUE LLEVAS DENTRO

¿Qué pasaría si te dijera que tus quejas no son el problema, sino el mapa hacia lo que tu alma te pide atender? En este capítulo, descubrirás cómo transformar esas quejas que te atormentan en señales poderosas de cambio. Aprenderás a escucharlas, comprender su mensaje y convertirlas en el primer paso para rediseñar tu vida desde adentro.

La queja como brújula
Al igual que cuando uno permanece demasiado tiempo en el bar de la zona de confort, hay algo que siempre está presente y no podemos ignorar: las quejas. Las escuchamos a diario, ya sea de nosotros mismos o de otros. Pero, ¿qué hacemos con ellas? ¿Las dejamos pasar, las ignoramos o las transformamos?

Este capítulo no trata de eliminar por completo al quejica interno, porque, al igual que la zona de confort, nunca desaparecerá del todo. Más bien, aprenderemos a gestionarlo y a entenderlo, porque detrás de cada queja hay una historia, un valor, y muchas veces, una oportunidad de cambio que está esperando ser descubierta.

El origen del quejica
El quejica que llevamos dentro no aparece de la nada. Crece con nosotros, se nutre de nuestras experiencias, y encuentra un hogar en nuestras inseguridades, frustraciones y deseos no atendidos. Es una voz interna que a veces critica, a veces lamenta, y otras simplemente busca ser escuchada.

Recuerdo vívidamente una de las quejas más frecuentes de mi madre: "Tanto trabajar y no tengo nada". Al principio, como hijo, interpretaba estas palabras como simple negatividad. Sin embargo, años después, entendí que detrás de esa queja aparentemente simple se escondía una sabiduría profunda: la importancia de no solo trabajar duro, sino de trabajar inteligentemente para crear una vida que nos permita disfrutar, experimentar, crecer. No se trataba solo de dinero - era un llamado a valorar nuestro tiempo y esfuerzo, a crear espacio para experiencias significativas, a invertir en nuestro propio desarrollo.

El lenguaje universal de las quejas

Es fascinante notar cómo, sin importar la cultura, el país o el estatus social, los seres humanos compartimos un patrón similar de quejas: "quiero más tiempo", "necesito más libertad", "merezco mejor pago", "busco mejores relaciones". Esta universalidad de las quejas no es coincidencia - es un mapa colectivo que señala nuestras necesidades humanas más fundamentales.

Cuando escuchamos con atención, descubrimos que estas quejas "universales" se agrupan en temas centrales:

- **Libertad y autonomía**: "No tengo tiempo para mí", "Siempre estoy haciendo lo que otros quieren"
- **Reconocimiento y valor**: "No me valoran lo suficiente", "Mi esfuerzo no se ve"
- **Conexión y relaciones**: "Nadie me entiende", "Me siento solo/a"
- **Crecimiento personal**: "Estoy estancado/a", "No avanzo como quisiera"
- **Bienestar integral**: "No cuido mi salud", "No disfruto la vida"

Lo más revelador es que estas quejas compartidas no son meras coincidencias - son brújulas que apuntan hacia valores humanos universales. Cuando mi madre se quejaba de no ser valorada en su trabajo, estaba expresando la misma necesidad fundamental de reconocimiento que experimenta un ejecutivo en una corporación multinacional. Cuando alguien se queja de no tener tiempo libre, está manifestando el mismo anhelo de libertad que un estudiante agobiado por las exigencias académicas.

Del quejarse al crear: Historias de transformación

Las quejas, cuando las escuchamos verdaderamente, pueden convertirse en catalizadores de cambio profundo. No son historias de transformación instantánea, sino procesos que requieren paciencia, compromiso y valentía. Permíteme compartir algunos ejemplos de cómo las quejas pueden transformarse en creación.

En lo profesional: De la frustración al propósito

Mi transición de lavaplatos a instructor de marketing ilustra este proceso. La queja inicial era simple: "No me valoran lo suficiente". Sin embargo, la verdadera transformación comenzó cuando entendí que no se trataba solo de buscar valoración externa, sino de crear valor real.

El camino no fue lineal. Hubo momentos de duda, especialmente cuando dejé la "seguridad" de un trabajo estable. Pero cada paso - desde la inversión en educación hasta el desarrollo de nuevas habilidades - me acercaba a la capacidad de elegir mis proyectos y establecer mis propios términos. La queja se transformó en una brújula que me guió hacia la creación de mi propio camino profesional.

En lo personal: Del "no tengo tiempo" a crear espacio

Otra transformación significativa ocurrió en el ámbito de la salud y el bienestar. La queja constante de "no tengo tiempo para ejercicio" escondía una verdad más profunda: no era una cuestión de tiempo, sino de prioridades y visión de vida.
La transformación comenzó con pequeños ajustes: integrar yoga, natación, y actividades que genuinamente disfrutaba.

No fue fácil - hubo días de resistencia, momentos de querer volver a viejos hábitos. Pero cada pequeña acción construía una nueva realidad: una vida más equilibrada y energética.

El precio y el valor de la transformación

Cada historia de transformación comparte elementos comunes:
- **Paciencia con el proceso**: Las quejas no se transforman de la noche a la mañana. Cada cambio significativo requirió tiempo y persistencia.
- **Inversión consciente**: Ya sea en educación, herramientas o mentores, la transformación requiere estar dispuesto a invertir en uno mismo.
- **Ruptura de patrones**: Muchas veces, el cambio exigió dejar atrás relaciones, hábitos o creencias que ya no servían.
- **Visión a largo plazo**: En los momentos difíciles, fue la claridad sobre el resultado deseado lo que mantuvo el impulso.

La no-linealidad del cambio

Es importante reconocer que estas transformaciones raramente siguen un camino directo. Hay retrocesos, momentos de duda, días donde las viejas quejas resurgen con fuerza. La clave no está en la perfección del proceso, sino en la persistencia de la visión.

Como cuando decidí crear este libro: surgió de una queja sobre la falta de acción en otros, pero se transformó en un llamado a mi propia creación. Los momentos de duda y resistencia no fueron obstáculos, sino parte integral del proceso de transformación.

La verdadera magia ocurre cuando dejamos de ver nuestras quejas como problemas a eliminar y comenzamos a tratarlas como señales que nos guían hacia nuestra próxima evolución.

De la queja a la transformación: Un camino práctico

La verdadera transformación comienza cuando dejamos de ver las quejas como obstáculos y empezamos a tratarlas como señales de cambio necesario. En mi propio camino, las quejas que escuchaba de mi madre sobre el tiempo extra y el sueldo insuficiente me llevaron a tomar decisiones conscientes sobre mi futuro profesional.

Cuando ella se quejaba de la falta de valoración, yo transformé esa lección en acciones concretas: desarrollé mi autoconfianza, aprendí a establecer límites claros, a comunicar mis necesidades y expectativas. No se trataba solo de quejarse de no ganar suficiente - era aprender cómo ganar más, desarrollando nuevas habilidades, invirtiendo en mi educación, pagando por mentoría cuando era necesario.

La clave está en convertir cada queja en un plan de acción:
- Identifica la queja recurrente
- Busca el valor o necesidad detrás
- Desarrolla habilidades específicas
- Establece límites necesarios
- Crea nuevos hábitos alineados

La sabiduría de priorizar lo importante

Como señala Stephen Covey en "Primero lo Primero", lo importante raramente es lo urgente. Esta distinción es crucial cuando transformamos nuestras quejas en acciones. Muchas veces nos encontramos atrapados en el ciclo de lo urgente: las demandas diarias, la pareja que requiere atención constante, el jefe que pide horas extra, los amigos que insisten en salidas frecuentes. Pero construir la vida que deseamos requiere priorizar lo importante sobre lo urgente.

De la queja a la acción consciente

En mi experiencia, la transformación real comenzó cuando aprendí a:

Revisar prioridades y uso del tiempo

No se trata solo de decir "no tengo tiempo", sino de examinar honestamente en qué lo estamos invirtiendo. Muchas veces dedicamos horas al consumo pasivo de entretenimiento o a relaciones que no contribuyen a nuestro crecimiento. La clave está en hacer un inventario honesto de nuestro tiempo.

Integrar gradualmente nuevos hábitos saludables

La transformación comienza con pequeños actos de valentía diaria. En mi caso, empezó con la decisión de integrar actividades que nutrieran mi bienestar: clases de yoga que me conectaban con mi cuerpo, ejercicios de fuerza que desafiaban mis límites autoimpuestos, caminatas en la naturaleza que aclaraban mi mente. No eran simples actividades físicas - eran declaraciones de una nueva forma de vivir.

Lo poderoso no era la actividad en sí, sino romper con mis propias limitaciones. Entrar a una sala de musculación significaba desafiar la creencia de que "ese no era mi espacio". Cada pesa levantada, cada ejercicio nuevo, era un recordatorio de que podemos transformar no solo nuestro cuerpo, sino también nuestras creencias sobre lo que somos capaces de hacer.

¿Y tú? ¿Qué actividades has postergado que tu alma anhela explorar? Tal vez es ese taller de pintura que siempre te ha llamado, esas clases de teatro que despiertan tu creatividad, o ese curso de escritura que podría dar voz a tus historias. Quizás es el baile que libera tu expresión, el pilates que fortalece tu centro, o esa bicicleta que espera llevarte a nuevas aventuras.

La invitación es clara: hoy es el día de dar ese primer paso. No necesitas una transformación completa de inmediato - comienza con una acción concreta. Inscríbete en ese taller, escribe tu primer párrafo, entra a ese gimnasio que te intimida. Lo importante no es la magnitud del paso, sino el compromiso con tu bienestar y crecimiento.

Este no es solo un cambio de actividad - es una declaración de prioridades. Es decir "mi bienestar importa" con acciones, no solo con palabras. Como vimos en el capítulo sobre las métricas de éxito, cuando alineamos nuestras acciones con nuestros valores más profundos, la transformación se vuelve inevitable.

Diseñar una rutina sostenible

La transformación real ocurre cuando dejamos de ver los nuevos hábitos como tareas y los convertimos en parte integral de nuestro estilo de vida. Para mí, esto significó:

- Identificar los momentos del día con más energía
- Elegir actividades que genuinamente me motivaban
- Crear un ambiente que facilitara estos nuevos hábitos
- Encontrar formas de mantener estas prácticas incluso en días ocupados

Aprender a decir "no" estratégicamente
Esto va más allá de simplemente rechazar invitaciones. Se trata de:
- Establecer límites claros en trabajo y relaciones
- Priorizar actividades alineadas con nuestra visión
- Reconocer que cada "sí" a lo que no nos acerca a nuestras metas es un "no" a lo que realmente importa
- Reevaluar relaciones y compromisos que no nutren nuestro crecimiento

Invertir en nuestro crecimiento
La transformación frecuentemente requiere inversión: puede ser en mentoría, cursos, herramientas o espacios adecuados. Cada inversión en nuestro desarrollo personal y profesional es un paso hacia la vida que queremos crear. La clave está en entender que no se trata solo de administrar el tiempo, sino de diseñar conscientemente una vida que refleje nuestros valores más profundos. Si aspiramos a un mejor espacio de vida, necesitamos estrategias para aumentar nuestros ingresos. Si deseamos más energía, debemos priorizar nuestro bienestar. Cada queja es una invitación para alinear nuestras acciones con nuestras aspiraciones más profundas.

El quejica como espejo
Pongámonos frente al espejo. ¿Cuántas veces hemos criticado a otros por quejarse, solo para darnos cuenta de que sus palabras nos resuenan porque reflejan algo que nos incomoda de nosotros mismos? El quejica interno, más que un enemigo, es un reflejo de nuestros valores no atendidos y nuestras expectativas no cumplidas.

Mi propia experiencia me enseñó esta lección. En un proyecto reciente, me encontré frustrado porque otros no tomaban acción sobre tareas que consideraba cruciales. La queja constante sobre su falta de compromiso me llevó a una revelación importante: estaba proyectando en otros mi propia necesidad de acción. Mientras me quejaba de su aparente pasividad, tenía proyectos personales sin atender, incluyendo este libro que ahora tienes en tus manos. La queja sobre otros era realmente un llamado a mi propia acción pendiente.

El quejica y la gratificación instantánea

A menudo, nuestras quejas más intensas surgen cuando no obtenemos resultados inmediatos. Esta impaciencia por ver cambios rápidos puede manifestarse como:

- Exigencia de reconocimiento inmediato
- Frustración cuando los proyectos no avanzan al ritmo deseado
- Irritación cuando otros no responden como esperamos
- Ansiedad por no por ver resultados rápidos
- Desanimo al conseguirnos con problemas y obstáculos
- Falta de persistencia y en consecuencia procrastinación constante

La clave está en reconocer que toda transformación significativa requiere tiempo y proceso. Como cuando decidimos mejorar nuestra situación financiera: no se trata solo de querer ganar más, sino de desarrollar las habilidades necesarias, invertir en aprendizaje, y tener la paciencia para ver resultados.

El camino hacia la transformación

La transformación no es un evento; es un viaje consciente y deliberado. Este camino comienza con el reconocimiento de que el cambio no solo es posible, sino necesario para nuestra evolución como seres humanos. La transformación requiere varios elementos fundamentales:

Primero, necesitamos desarrollar una visión clara de quién queremos ser, más allá de las expectativas sociales y familiares. Esta visión debe nacer de nuestros valores más profundos y aspiraciones auténticas, no de los estándares impuestos por otros.

Segundo, debemos crear un ambiente que apoye nuestra transformación. Esto puede significar cambiar círculos sociales, buscar nuevos mentores, o incluso modificar nuestro entorno físico. La transformación necesita un espacio que la nutra y la sostenga.

Tercero, es esencial desarrollar nuevas habilidades y competencias que apoyen nuestra evolución. Esto puede incluir mejorar nuestra comunicación asertiva, fortalecer nuestra inteligencia emocional, o adquirir conocimientos específicos en áreas que nos apasionan.

El camino hacia la transformación también requiere un compromiso inquebrantable con nuestro crecimiento personal. Esto significa estar dispuestos a:
- Enfrentar verdades incómodas sobre nosotros mismos
- Abandonar relaciones y situaciones que ya no nos sirven

- Invertir tiempo, energía y recursos en nuestro desarrollo
- Mantener nuestra integridad aun cuando otros no entiendan nuestras decisiones

La transformación como proceso natural

La naturaleza nos enseña que el cambio no solo es inevitable, sino esencial para la vida misma. Las estaciones cambian, los árboles mudan sus hojas, los animales evolucionan, los ríos transforman paisajes. Resistir el cambio es ir en contra de la naturaleza misma de la existencia.

Esta perspectiva natural del cambio nos invita a ver nuestra propia transformación no como algo forzado o artificial, sino como una expresión de nuestra naturaleza más profunda. Cuando nos permitimos evolucionar, estamos siguiendo el mismo impulso que mueve a toda la vida hacia su siguiente etapa de desarrollo.

Transformando la queja en acción

Cada queja esconde una oportunidad de crecimiento. Por ejemplo:
- "No me valoran en el trabajo" → ¿Cómo puedo comunicar mejor mi valor y establecer límites más claros?
- "Siempre estoy cansado" → ¿Qué cambios en mi rutina y hábitos necesito implementar?
- "No avanzo profesionalmente" → ¿Qué habilidades necesito desarrollar?

La transformación sucede cuando pasamos de la queja pasiva a la pregunta activa. No se trata de ignorar nuestras insatisfacciones, sino de usarlas como punto de partida para el cambio.

El quejica en nuestras relaciones

Las relaciones son un espejo particularmente poderoso de nuestras quejas internas. Cuando nos quejamos de que "nadie nos escucha", ¿hemos expresado claramente nuestras necesidades? Cuando decimos que "los demás no se comprometen", ¿estamos nosotros comprometidos con nuestro propio crecimiento?

La clave está en usar estas quejas relacionales como oportunidades para:
- Mejorar nuestra comunicación
- Establecer límites más saludables
- Identificar patrones en nuestras relaciones
- Trabajar en nuestra propia evolución

El quejica como compañero de vida

El quejica interno nunca desaparecerá completamente, y eso está bien. No se trata de eliminarlo, sino de convertirlo en un aliado que nos señala áreas de crecimiento y oportunidades de cambio. Como un GPS emocional, nuestras quejas pueden guiarnos hacia una vida más auténtica y satisfactoria.

Cuando replanteamos nuestra relación con el quejica interno, descubrimos que:
- Cada queja señala un valor importante
- Las frustraciones indican dirección de crecimiento
- El descontento puede ser combustible para el cambio

La verdadera transformación ocurre cuando dejamos de ver nuestras quejas como problemas y empezamos a tratarlas como señales que nos guían hacia una vida más alineada con nuestros valores y aspiraciones.

Ejercicio: Del quejica al cambio

1. Registro de quejas recurrentes
- Lleva un diario de quejas durante una semana
- Anota la situación específica que generó la queja
- Registra la emoción que sentiste en ese momento
- Identifica patrones en tus quejas

2. Exploración de valores

Para cada queja recurrente, pregúntate:
- ¿Qué valor no está siendo honrado?
- ¿Qué necesidad no está siendo atendida?
- ¿Qué deseo profundo está siendo ignorado?
- ¿Qué parte de ti pide ser escuchada?

3. Plan de transformación
- Elige una queja prioritaria para trabajar
- Diseña 3 acciones concretas para abordarla
- Establece un timeline realista
- Identifica posibles obstáculos y cómo superarlos

4. Seguimiento y ajuste
- Revisa semanalmente tu progreso
- Ajusta tus acciones según sea necesario
- Celebra los pequeños avances

- Documenta las lecciones aprendidas

Preguntas poderosas para el proceso:
- ¿Qué me está diciendo realmente esta queja sobre mis valores?
- ¿Qué necesito aprender de esta situación?
- ¿Qué pequeña acción puedo tomar hoy?
- ¿Quién podría ayudarme en este proceso?

El poder transformador de la queja consciente

A lo largo de este libro, hemos explorado diferentes aspectos de la transformación personal: salir del bar de lo conocido, expandir nuestra mesa de posibilidades, portar nuestro sombrero rosa con autenticidad. Y ahora, en este capítulo final, descubrimos que incluso nuestras quejas son invitaciones al cambio.

El quejica que llevas dentro no necesita ser silenciado - necesita ser comprendido y transformado. Cada queja es una señal que apunta hacia tus valores más profundos, tus anhelos genuinos, tu potencial sin explorar. La próxima vez que te sorprendas quejándote, recuerda que estás frente a una oportunidad de crecimiento.

Pregúntate:
- ¿Qué valor importante está pidiendo ser honrado?
- ¿Qué acción, por pequeña que sea, puedo tomar hoy?
- ¿Qué historia de transformación está esperando ser escrita?

Porque al final, no se trata solo de "matar al quejica" - se trata de transformarlo en el impulso que necesitas para crear la vida que realmente deseas. Cada queja puede ser el primer paso hacia tu próxima evolución.

Este es el momento. ¿Qué historia de transformación estás listo para comenzar?
Y recuerda, como hemos dicho antes: tus palabras tienen vigencia. Tus quejas pueden transformarse. Tu vida puede expandirse. Todo comienza con la decisión de escuchar, comprender y actuar.

HAY QUE SALIR DEL BAR

CONCLUSIÓN
HONRANDO A TU VERSIÓN DE HOY

¿Qué le dirías a tu yo actual para motivarlo a seguir adelante con coraje, especialmente cuando surgen dudas o temores? Lo primero que quiero decirte es que es completamente normal sentir miedo, incertidumbre, no saber qué va a pasar. Pero lo importante es mantener la paz, la calma y la confianza en uno mismo.

A lo largo de esta lectura, te he llevado por un viaje de reflexiones, y ahora, quiero decirte que yo también estoy aquí, comprometido conmigo mismo. Escribir este libro es parte de ese compromiso. Es mi primer libro, y lo estoy haciendo mientras también enfrento mis propias dudas, mis propios miedos. Pero lo hago, porque sé que el único camino para avanzar es salir de mi zona de confort.

Sé que surgirán esos momentos "eureka", esas revelaciones, pero solo sucederán si me mantengo en movimiento, igual que tú. Estoy creando este libro como un recordatorio para mí mismo, de que debo seguir adelante, escribir más libros, retomar ese podcast que llevo tiempo queriendo hacer. Este es solo el primer paso. Al igual que tú, no tengo todas las respuestas, pero sé que seguir adelante es lo más importante.

Me comprometo también a crear esa plataforma de enseñanza, a inspirar a otros desde mi experiencia. Y no lo hago desde la certeza de que todo será fácil o perfecto, sino desde la convicción de que solo saliendo de mi zona de confort lograré lo que deseo.

Al igual que tú, sé que habrá días en los que me cuestione, en los que las dudas me invadan. Y eso está bien. Incluso si para otros no lo es. Estoy convencido de que no temo cambiar mi ruta o mi ritmo, si eso implica que he cambiado mis creencias y objetivos.

Incluso algo que abrazo y te invito abrazar a hacer, es que simplemente has cambiado de opinión y parecer. Ya no quiero lo que creía creer. Pero lo importante es seguir apegado a tus valores y principios, no creencias. Porque los valores son tu brújula mientras que tus creencias son solo paradigmas: juicios, dudas y mediocridad.

No importa si el camino no está completamente claro. Al final, los puntos se conectarán. Y aunque ahora solo ves un paso delante de ti, confía en que eso es suficiente para avanzar. Porque solo dando ese primer paso sabrás, donde dar el siguiente.

Hoy te invito a que te comprometas, como yo lo estoy haciendo en este momento. A que sigas adelante con tus propios sueños, con tus propios proyectos. No porque sea fácil, sino porque es lo que te llevará a ser quien realmente quieres ser.
Este libro es el primero, pero no será el último.

Este es mi compromiso contigo y conmigo mismo: seguir creando, seguir avanzando, seguir poniendo en *jaque mi zona de confort.*

ACERCA DEL AUTOR

Gumercindo Jiménez es Comunicador Social y Locutor de profesión, que ha dedicado su vida a la transformación personal y profesional. Su historia es solo una de cómo la resiliencia y una mentalidad de crecimiento pueden convertir los desafíos en oportunidades para alcanzar el propósito y la grandeza.

Nacido en Táchira Venezuela, y criado en San Carlos, Cojedes, Gumercindo descubrió desde joven su capacidad para reinventarse. A los 18 años salió su hogar materno para migrar a otra ciudad y estudiar Comunicación Social en la Universidad del Zulia, donde obtuvo su licenciatura en Periodismo en 2015. Poco después, se certificó como Locutor Profesional en la Universidad Central de Venezuela y complementó su formación con estudios en narración de documentales, doblaje y producción de radio.

En 2016, Gumercindo emigró a Buenos Aires, Argentina, enfrentándose con valentía a los desafíos de comenzar desde cero. Trabajó inicialmente en empleos de oficio como lavaplatos, camarero y cafetero, mientras redescubría su pasión por el marketing digital y la publicidad, áreas que siempre había querido explorar. Se capacitó de forma autodidacta y formal en plataformas reconocidas como *Hubspot Academy*, *Google Academy y LinkedIn Learning*. Más tarde, se especializó en marketing, ventas y negocios bajo la mentoría de Vilma Núñez en su escuela Convierte Más (desde 2017).

Durante cuatro años, Gumercindo fue instructor para toda LATAM en CoderHouse, donde impartió cursos de Marketing Digital y Community Manager, inspirando a cientos de estudiantes a transformar su potencial en resultados tangibles. Además, ha trabajado en agencias de marketing y liderado proyectos independientes como *freelance*.

Hoy, se dedica como Consultor de Marketing, Negocios y Ventas, ayudando a empresas a descubrir su propósito detrás de cada acción y a alcanzar un crecimiento sostenible, implementando estrategias enfocadas a resultados de verdad. Se especializa en la actualidad en la automatización y embudos de ventas, apoyándose de la Inteligencia Artificial, donde se ha certificado recientemente

Se considera un autodidacta empedernido, Gumercindo **ha escuchado más de 600 audiolibros y *podcast* que han moldeado su visión del mundo** y su evolución personal. Entre los títulos más influyentes en su vida se encuentran *Tus Zonas Erróneas* de Wayne Dyer, *Despierta el Gigante Interior* de Tony Robbins, *Piense y Hágase Rico* de Napoleon Hill, *Secretos de la Mente Millonaria* de T. Harv Eker, *21 Creencias que nos Amargan la Vida* de Nieves Machín y Daniel Gabarró, y *Aprendiendo de los Mejores* de Francisco Alcaide. También considera como grandes influencias a academias como *Mindvalley* de Vishen Lakhiani y *Mastermind* de Dean Graziosi y Tony Robbins.

Más allá de su carrera profesional, Gumercindo **valora profundamente el equilibrio entre cuerpo y mente.** Practica yoga, natación y disfruta de las escapadas a la naturaleza, que considera esenciales para mantener una vida plena. Además, encuentra inspiración constante en entrevistas y documentales, siendo su favorito el canal *The School of Greatness* de Lewis Howes. Para él, no hay un día completo sin escuchar un audiolibro o aprender algo nuevo, priorizando siempre el consumo de contenido que nutra su mente y evite distracciones negativas como las noticias.

Gumercindo considera que su mayor don es la capacidad de transmitir ideas de manera clara y efectiva. A través de su experiencia como inmigrante, profesional y mentor, inspira a otros a cuestionar sus creencias limitantes, a romper paradigmas y a construir una mentalidad de crecimiento y resiliencia. Su vida es un testimonio de que el cambio, acompañado de propósito y aprendizaje continuo, puede abrir las puertas hacia una existencia extraordinaria.

CARTA AL LECTOR

Querido viajero del cambio:

Si has llegado hasta aquí, ya no eres la misma persona que abrió estas páginas por primera vez. Has vislumbrado las puertas de tu bar y te has atrevido a imaginar qué hay más allá. Has explorado tu contenedor personal y quizás, por primera vez en mucho tiempo, te has permitido portar tu sombrero rosa sin disculpas.

Quiero honrar tu coraje.

Sí, tu coraje. Porque no es fácil mirarse al espejo y decidir que es hora de cambiar. No es fácil cuestionar lo conocido, desafiar lo establecido, atreverse a soñar más grande. Sin embargo, aquí estás, sosteniendo estas páginas, respirando posibilidades.

¿Recuerdas cuando eras niño? ¿Cuando los superhéroes no eran solo personajes de ficción, sino versiones posibles de ti mismo? ¿Cuando escribías cartas a Papá Noel sin que nadie te dijera que estabas pidiendo demasiado? En aquellos días, la abundancia no era un concepto - era tu realidad natural. El mundo era un lienzo en blanco esperando tus colores.

Algunos, como yo, probablemente nunca recibimos esos regalos navideños. Pero algo más valioso siempre estuvo ahí: esa chispa interior, esa certeza inquebrantable de que éramos capaces de más, de recibir más. Una palabra amable, un abrazo oportuno, una sonrisa cómplice - pequeños momentos que alimentaban nuestra luz interior.

Y sí, el mundo intentó apagar esa luz. Las "lecciones de vida", los "sé realista", los "eso no es para ti" fueron cayendo como gotas de lluvia sobre nuestra llama interior. Pero ¿sabes qué? Esa luz nunca se extinguió completamente. Ha estado ahí, esperando, susurrando, recordándote quién eres realmente.

Hoy te invito a que la despiertes.

Sienta a ese niño junto a ti. Ese que fuiste, que sigue siendo parte de ti. Háblale con la ternura que merece. Sé paciente con sus miedos, compasivo con sus errores, celebra sus pequeñas victorias. Porque en esa versión más joven de ti reside tu verdad más pura, tu potencial más auténtico.

No estás solo en este viaje. Hay toda una comunidad de soñadores, de atrevidos, de inconformes como tú, que están redescubriendo su propia luz. Personas que, como tú, se atreven a creer que hay más allá de lo que les han dicho que es posible.

Porque el mundo es abundante - la naturaleza nos lo muestra cada día con cada amanecer, con cada flor que florece, con cada árbol que da frutos sin preguntar si merece hacerlo.

Sí, otros pueden caminar a tu lado, sostenerte cuando dudes, celebrar tus triunfos. Pero el protagonista de esta historia eres tú. Tu bienestar, tu crecimiento, tu transformación - todo comienza y termina contigo.

Este no es el final del libro -es el comienzo de tu nueva historia. Una historia donde eres tanto el escritor como el personaje principal. Donde cada página en blanco es una invitación a crear algo nuevo, algo tuyo, algo extraordinario.

¿Estás listo para escribir tu próximo capítulo?

Con fe en tu luz interior,
Gumercindo

P.D.: Acuérdate -cambia tanto que te tengan que volver a conocer. El mundo está esperando conocer tu próxima versión.

HAY QUE SALIR DEL BAR

EPÍLOGO
UNA CONVERSACIÓN CONMIGO MISMO

Salir del bar de lo conocido no significa que nuestras dudas, miedos o conflictos internos desaparezcan de inmediato. Se trata, más bien, de aprender a escucharnos, a comprender nuestras propias contradicciones y a encontrar un camino que respete tanto nuestras aspiraciones como nuestras necesidades más humanas.

En 2017, me encontraba en un momento crucial de mi vida. Había dejado mi país, un año antes, y seguí enfrentando cambios radicales y me veía dividido entre dos partes de mí mismo: el Gumercindo profesional, con sueños claros y ambiciosos, y el Gumercindo que necesitaba adaptarse, sobrevivir y, en cierto modo, conformarse con lo que había en ese momento. Fue entonces cuando decidí escribir un diálogo entre esas dos partes. Quería entenderlas sin silenciar a ninguna, buscando un equilibrio que me permitiera avanzar.

Hoy, quiero compartir contigo esa conversación, esperando que te inspire a tener tus propios diálogos internos. Porque todos llevamos dentro voces en conflicto, y escucharlas puede ser el primer paso hacia la reconciliación y el crecimiento.

Gumercindo Profesional:
— ¿Qué estás haciendo? ¿Por qué estás dejando que pase tanto tiempo sin enfocarte en lo que realmente importa?
Gumercindo que Busca Adaptarse:
— Estoy haciendo lo que puedo, ¿acaso no lo ves? Necesito estabilidad antes de dar cualquier otro paso.

Gumercindo Profesional:
— ¡Estabilidad! Esa palabra es solo una excusa. Sabes que puedes dar más, pero te estás conformando. No puedes seguir escondiéndote detrás de ese "necesito estabilidad".

Gumercindo que Busca Adaptarse:
— ¿Esconderme? ¿Tienes idea del peso que cargo todos los días? Me despierto pensando en cómo sobrevivir en este país, en cómo pagar las cuentas. Todo eso ya es suficiente.

Gumercindo Profesional:
— Entiendo tu cansancio, pero piensa en lo que dejamos atrás, en las oportunidades que aún nos esperan. Cada día que no trabajas en eso es un día perdido.

Gumercindo que Busca Adaptarse:
— No me hables de lo que dejamos atrás, porque tú también sabes lo que sacrificamos. Si sigo adelante es porque creo en lo que podemos lograr, pero no puedes pedirme que lo haga todo de golpe. Necesito tiempo.

Gumercindo Profesional:
— Tiempo, tiempo, tiempo... No estoy pidiendo perfección, solo acción. Incluso un pequeño paso sería suficiente. Algo que me demuestre que todavía estamos caminando hacia lo que soñamos.

Gumercindo que Busca Adaptarse:
— ¿Sabes qué? Tienes razón. No se trata de correr, pero tampoco de quedarnos en este mismo lugar para siempre. Dame espacio para adaptarme y, a cambio, prometo que cada día haré algo, por pequeño que sea, para acercarnos a nuestros sueños.

Gumercindo Profesional:
— Eso es lo que quería escuchar. No somos enemigos, ¿sabes? Estamos en el mismo equipo.

Gumercindo que Busca Adaptarse:
— Lo sé. Solo necesito que confíes en que también estoy haciendo lo mejor que puedo.

Esta conversación fue un punto de inflexión para mí. Me di cuenta de que no se trata de silenciar nuestras voces internas, sino de dejarlas dialogar, entender sus miedos, sus deseos y sus perspectivas. Ambas tenían algo valioso que decir: el Gumercindo profesional me recordaba mis metas, mientras que el otro Gumercindo me pedía paciencia y compasión.

Tú también tienes tus propias voces internas. Quizás una parte de ti sueña en grande, mientras otra te susurra que aún no es el momento. Quizás te sientes dividido entre avanzar o quedarte donde estás. Mi invitación es que te permitas escucharlas a ambas. Porque en esa conversación honesta contigo mismo encontrarás las respuestas y la fuerza para dar el siguiente paso.

AGRADECIMIENTOS

Este libro es mucho más que palabras en papel; es el reflejo de un viaje de resiliencia, zozobra e incertidumbre. Fue inspirado desde las noches más silenciosas, en las que me enfrenté a mis propios miedos, frustraciones y lágrimas. A esa versión de mí que siguió adelante, aun cuando no tenía la compañía ni las herramientas que necesitaba, le dedico estas páginas. Este libro es una muestra de que, incluso en los momentos más oscuros, podemos encontrar el valor para continuar.

A mi madre, mis hermanos y mis sobrinos, quienes me han demostrado que la fuerza y la determinación pueden superar cualquier obstáculo. Mi madre, con su amor incondicional y valentía, me enseñó que siempre es posible levantarse y seguir adelante, sin importar cuán duro parezca el camino. A mis hermanos y sobrinos, que son una constante inspiración para mí. Mi mayor deseo es que este libro llegue a sus manos y, de alguna manera, les ayude a encontrar claridad, fuerza y esperanza en sus propios caminos.

A mis clientes y colaboradores, quienes me inspiran cada día con su dedicación, valentía y esfuerzo por superar los desafíos que enfrentan. Sus historias, preguntas y ganas de crecer han sido una constante fuente de aprendizaje y motivación para mí. Gracias por enriquecer mi perspectiva y por permitirme ser parte de sus procesos de transformación.

A mis amistades más cercanas, quienes han confiado en mí para compartir sus emociones más íntimas, sus vulnerabilidades más profundas y esos sentimientos que muchas veces resultan difíciles de declarar. Gracias por confiarme sus noches de insomnio, sus lágrimas y sus momentos de incertidumbre. Mi plena admiración a ustedes, que se levantan una y otra vez, aun cuando las condiciones parecen decirles que deberían detenerse. Este libro es por ustedes y para ustedes.

A mis pupilos y estudiantes, por demostrarme que el deseo de aprender y crecer siempre está vivo. Este libro es también para ustedes, porque sus ganas de mejorar y su curiosidad han sido una fuente constante de inspiración para mí. Espero que estas páginas les ofrezcan herramientas y reflexiones que puedan aplicar en sus propios caminos.

Escribí este libro pensando en quienes han decidido arriesgarlo todo por sus sueños y metas, aun cuando la soledad, la rabia y la frustración los han invadido, como alguna vez me pasó a mí. Si estas páginas logran ofrecer un poco de consuelo, esperanza o claridad a alguien que esté enfrentando ese mismo camino, entonces todo este esfuerzo habrá valido bastante.

Finalmente, gracias a ti, lector. Al abrir este libro, me permites compartir un pedazo de mi historia contigo. De alguna forma, ya somos compañeros en este viaje. Espero que estas palabras sean una brújula en tu camino y que encuentres en ellas inspiración para seguir adelante.

A todos aquellos que, aun en medio de la incertidumbre, deciden levantarse una vez más: este libro también es para ustedes.

Con gratitud infinita y la esperanza de dejar una pequeña contribución al mundo,
Gumercindo

HAY QUE SALIR DEL BAR

Made in the USA
Columbia, SC
11 February 2025